Gymnasium Bayern

Entraînement

cycle long

À plus ! 5

Französisch für Gymnasien

Schulaufgabentrainer
für Schülerinnen
und Schüler
mit Musterlösungen

Cornelsen

À plus ! 5 **cycle long**
Schulaufgabentrainer für
Schülerinnen und Schüler, Gymnasium Bayern

Im Auftrag des Verlages erarbeitet von
Catherine Mann-Grabowski

und der Redaktion Französisch
Fidisoa R.-Freytag

Beratende Mitwirkung: Dr. Martin Braun (Nürnberg)

Bildassistenz: Sabrina Battaglini
Illustration: Laurent Lalo
Umschlaggestaltung: Katrin Nehm
Layout und technische Umsetzung: graphitecture book, Rosenheim

www.cornelsen.de

1. Auflage, 2. Druck 2015

© 2009 Cornelsen Verlag, Berlin
© 2015 Cornelsen Schulverlage GmbH, Berlin

Das Werk und seine Teile sind urheberrechtlich geschützt.
Jede Nutzung in anderen als den gesetzlich zugelassenen Fällen bedarf
der vorherigen schriftlichen Einwilligung des Verlages.
Hinweis zu den §§ 46, 52a UrhG: Weder das Werk noch seine Teile dürfen ohne eine
solche Einwilligung eingescannt und in ein Netzwerk eingestellt oder sonst öffentlich
zugänglich gemacht werden.
Dies gilt auch für Intranets von Schulen und sonstigen Bildungseinrichtungen.

Druck: H. Heenemann, Berlin

ISBN 978-3-06-520038-7

Inhaltsverzeichnis

VORWORT   4

DOSSIER 1   *La France des trois océans*
Schulaufgabe A   7
Schulaufgabe B   12

DOSSIER 2   *Au travail!*
Schulaufgabe A   17
Schulaufgabe B   22

DOSSIER 3   *Vers l'Europe*
Schulaufgabe A   26
Schulaufgabe B   32
Mündliche Prüfung   36

DOSSIER 4   *Tendances*
Schulaufgabe A   37
Schulaufgabe B   43

DOSSIER 5   *Visages de l'Afrique*
Schulaufgabe A   48
Schulaufgabe B   54

SPRECHFERTIGKEIT
Situation 1   59
Situation 2   61
Situation 3   63
Situation 4   65
Situation 5   67

ANNEXE
Auf Fehlerjagd!: Wie du Fehler selbst korrigieren kannst   69
Bewertungseinheitentabelle   70
Inhaltsübersicht der Audio-CD   71

Du hast dein Lösungsheft verloren?
Kein Problem! Geh auf www.cornelsen.de/webcodes
und gib folgenden webcode ein:
APLUS-5-KAT
Dort findest du dein Lösungsheft zum kostenlosen Download.

VORWORT

Dein Schulaufgabentrainer soll dir dabei helfen, dich in diesem Schuljahr auf die Schulaufgaben im Fach Französisch gut vorzubereiten.

Du findest zu jedem der fünf Dossiers deines Buches *À plus ! 5* **cycle long** zwei Übungsschulaufgaben (Schulaufgabe A und Schulaufgabe B), sowie im Dossier 3 einen Vorschlag zur mündlichen Prüfung. Jede Schulaufgabe besteht aus vier Teilen.

Schulaufgabe A
– Compréhension écrite (Leseverstehen)
– Grammaire (Grammatik)
– Vocabulaire (Wortschatz)
– Production de texte (Textproduktion)

Schulaufgabe B
– Compréhension orale (Hörverstehen)
– Grammaire (Grammatik)
– Vocabulaire (Wortschatz)
– Production de texte (Textproduktion)

An einigen Stellen weichen die Schulaufgaben von dieser Gliederung ab. So findest du in manchen Dossiers Aufgaben zur Sprachmittlung (Médiation).

Compréhension écrite

Hier findest du einen Lesetext mit Aufgaben, in denen du zeigen sollst, dass du den Text verstanden hast. Lies ihn dir zweimal in Ruhe durch und bearbeite dann die Aufgaben.

Compréhension orale

Die Texte der Hörverstehensaufgaben befinden sich auf der Audio-CD, die auf der hinteren Umschlagseite eingeklebt ist. Bei den Höraufgaben findest du die Track-Nummer des jeweiligen Hörtextes. So kannst du den Text schnell und problemlos anwählen. Höre dir für die Bearbeitung der Hörverstehensaufgaben den Text zweimal an. Beachte die Arbeitsanweisungen. Schaue dir bereits vor dem Hören die Aufgabenstellungen an.
Der Hörtext ist in dem eingelegten Lösungsheft abgedruckt. Das Inhaltsverzeichnis der CD befindet sich auf S. 71.

Grammaire

Unter dieser Überschrift findest du in jeder Schulaufgabe mehrere Grammatikaufgaben. Die meisten Aufgaben kombinieren zwei bis drei grammatische Schwierigkeiten.

Vocabulaire

Bei diesen Aufgaben sollst du zeigen, dass du den neuen Wortschatz des jeweiligen Dossier sicher beherrschst. Er wird in Form von Lückentexten, Kreuzworträtseln oder mit Hilfe von Bildern abgefragt.

Médiation

Unter Médiation werden schriftliche Sprachmittlungsaufgaben angeboten. Hier übernimmst du die Rolle eines Dolmetschers. Du sollst zeigen, dass du die authentischen Texte, die dir zur Verfügung gestellt werden, verstanden hast und sie im Französischen zusammenfassen kannst. Hier kommt es darauf an, den Sinn des Gesagten wiederzugeben. Es geht also nicht um eine wörtliche Übersetzung!

Production de texte

Bei diesen Aufgaben kannst du üben, eigenständig einen Dialog, einen Brief oder eine E-Mail zu verfassen. Dabei sind dir französische Ausdrücke, authentische Dokumente oder deutsche Sätze als Orientierung vorgegeben.
Wenn du deinen Text geschrieben hast, solltest du ihn selbst noch einmal Korrektur lesen. Dabei kann dir die „Fehlersuchliste" auf S. 69 helfen. Lies deinen Text mehrmals durch. Achte auch darauf, dass du alle Sätze oder Ausdrücke der Aufgabenstellung berücksichtigt hast.

Mündliche Prüfung

Die Fähigkeit, mündlich in der Fremdsprache zu kommunizieren, wurde aufgewertet. Aus diesem Grund besteht jetzt die Möglichkeit, eine Schulaufgabe durch eine Einzel-, Partner- oder Gruppenprüfung zu ersetzen. Im Dossier 3 findest du eine mündliche Aufgabe, die dich auch auf die mündliche Prüfung vorbereiten kann.

Die Aufgabe zur Vorbereitung auf die mündliche Prüfung besteht aus zwei Teilen:
– Bildkommentar (Parler d'une photo, d'une image)
– Partnerprüfung (Jeu de rôle)

Anschließend findest du vier Kategorien für die Bewertung. Je nach Kategorie werden die Bewertungseinheiten (BE) vorgegeben, die du für die gesamte Aufgabe erreichen kannst.

Für die Partnerprüfung (Jeu de rôle) wird ein Musterdialog (Dialogue modèle) angeboten.

Sprechfertigkeit

Hier werden Situationen (situations) präsentiert, in denen du deine Sprechfertigkeit üben kannst. Mit Hilfe von authentischen Dokumenten oder Fotos kannst du alleine oder zusammen mit einem/einer Gesprächspartner/in diese situations bearbeiten: Je nach der situation sollst du deine Meinung oder deine Vorlieben ausdrücken, Argumente finden, Vorschläge machen und auf Vorschläge deines Partners /deiner Partnerin eine passende Antwort finden.
Für jede situation wird ein Musterdialog angeboten. Die Musterdialoge sind auch auf der beigelegten CD aufgenommen.
Die situations gehen nicht mit in die Wertung der Schulaufgaben ein.

Wie übst du mit dem Schulaufgabentrainer?

Übe mit dem Schulaufgabentrainer regelmäßig und rechtzeitig. Sobald ihr im Unterricht ein Dossier abgeschlossen habt, kannst du die entsprechenden Übungsschulaufgaben bearbeiten.

Wie korrigierst und bewertest du deine Schulaufgaben?

Wenn du deine Schulaufgaben selbst korrigierst, nimm das Lösungsheft zur Hand und vergleiche deine Arbeit mit den Lösungen. Mit einem farbigen Stift unterstreichst du deine Fehler. Fehlende Elemente kennzeichnest du mit einem Auslassungszeichen (').
Für die Production de texte findest du jeweils ein Lösungsbeispiel, das sich – je nach Aufgabenstellung – von deinem Text unterscheiden kann. Achte vor allem darauf, dass dein Text vollständig und logisch ist. Bei Rechtschreibfehlern ziehst du dir weniger Punkte ab als bei Fehlern in Grammatik und Satzbau. Wenn du die Möglichkeit hast, kannst du deinen Text von jemandem lesen lassen, der Französisch kann (ältere Geschwister, Freunde, Eltern, ...). So kannst du feststellen, ob deine Lösung auch korrekt wäre.

Du findest bei jeder Aufgabe die Bewertungseinheiten (BE), die du für die gesamte Aufgabe erreichen kannst.

Bei der Bewertung der Compréhension orale solltest du auch berücksichtigen, wie häufig du den Text hören musstest, um die Höraufgaben bearbeiten zu können: Wenn du den Text mehr als zweimal gehört hast, ziehst du dir 2–3 BE ab.

Wie benotest du deine Schulaufgaben?

Wichtigste Ziele des Schulaufgabentrainers sind das Üben und die Fehlerkorrektur.
Wenn du möchtest, kannst du deine Übungsschulaufgaben aber auch benoten.
Zähle dazu die Bewertungseinheiten, die du in den einzelnen Aufgaben bekommen hast, zusammen. Suche in der Bewertungseinheitentabelle die Spalte entsprechend deiner Ergebnisse mit der dazugehörigen Note. Die Bewertungseinheitentabelle findest du auf S. 70.

Wie kannst du künftig Fehler vermeiden?

Damit du die Fehler, die dir in den Übungsschulaufgaben unterlaufen sind, in wirklichen Schulaufgaben nicht wiederholst, ist es wichtig, dass du sie verbesserst bzw. den Stoff wiederholst.

Compréhension écrite

Gleiche nochmals den Text mit den Aufgaben ab. Suche die Textstelle, die die jeweilige Information enthält.

Compréhension orale

Folgende Hinweise können dir helfen, dein Hörverstehen zu verbessern:
– Lies vor dem ersten Hören die Aufgaben, die du zu dem Hörtext bearbeiten sollst.
– Ist in der Aufgabenstellung bereits eine Situation angedeutet, überlege dir (auf Deutsch), worum es in einer solchen Situation gehen könnte bzw. was die Personen sagen könnten (z. B. in einem Gespräch zwischen Verkäufer und Kunde).
– Beim ersten Hören solltest du darauf achten, wie viele und welche Personen sprechen und wo sie sich befinden. Du solltest also nicht gleich versuchen, zu viele Einzelheiten zu verstehen.
Auch der Klang der Stimmen und die Geräusche können dir Informationen liefern.
– Höre den Text noch einmal und du wirst feststellen: Du verstehst bereits mehr als beim ersten Mal!

Grammaire

Stellst du fest, dass du bei einem bestimmten Grammatikstoff noch Schwierigkeiten hast, solltest du dir mit Hilfe der Repères im Schülerbuch und des Grammatikheftes noch einmal die Regeln vergegenwärtigen. Bearbeite (nochmals) die Bilans autocorrectifs im Carnet d'activités. Die Kommentare der Lösungen (Carnet, S. 91–95) geben dir Hinweise, wie und mit welchen Übungen du den jeweiligen Stoff wiederholen kannst.

Vocabulaire

Wiederhole den Wortschatz, indem du dir z. B. Vokabelkarten anlegst oder Wörter in Sachgruppen ordnest, Wörternetze anlegst oder in Gegensatzpaaren lernst.

Médiation und Production de texte

Arbeite beim Verfassen eigener Texte regelmäßig mit der Fehlersuchliste. Tauscht in der Klasse selbst geschriebene Texte untereinander aus und korrigiert gegenseitig eure Fehler. So entwickelt man bei der Korrektur mehr Routine und findet Fehler künftig zuverlässiger.

Viel Spaß und Erfolg beim Üben!

DOSSIER 1 *La France des trois océans*

Schulaufgabe A

___ von 69 BE

Compréhension écrite

Cynthia, douze ans, est guadeloupéenne. Elle a un grand frère et une grande sœur qui sont des jumeaux et qui s'entendent très bien. Parfois, elle se sent un peu seule et préfère se réfugier chez le voisin ...

Notre voisin s'appelait Père Francis et vivait seul dans la maison où il était né soixante-dix ans plus tôt. Sur son lit de mort, son père lui avait fait promettre de ne jamais quitter ses terres, de continuer à planter et à cultiver la canne à sucre. Père Francis avait promis. Non, il ne se voyait pas comme un grand propriétaire[1] terrien. Pourtant, il répétait avec fierté que la culture de la canne était une tradition familiale.

5 On pouvait lui offrir des milliards de francs[2] pour son hectare, jamais il ne vendrait le moindre centimètre carré[3]. Quelques promoteurs immobiliers[4] et constructeurs d'hôtels s'étaient risqués devant sa porte. Père Francis avait refusé de les voir. « Hein! J'ai raison Cynthia! A pa jè! Qu'est-ce que je ferais de l'argent? Si je ne peux plus voir le soleil se lever sur la mer, j'ai plus rien à faire sur cette terre. Si je peux plus regarder mes cannes qui bougent dans le vent, j'ai plus qu'à me coucher et mourir, pas vrai? ... J'ai

10 promis Cynthia, tu comprends. » Parfois, il était triste et me disait que sa terre était comme une femme jalouse qui le tenait prisonnier, ne lui avait pas permis d'aller courir le monde, de prendre du bon temps, de chercher une fiancée, de fonder une famille. Il ne s'était jamais marié.

Je voyais bien que certains jours c'était dur pour lui d'être seul. Alors, le mercredi après-midi, je lui rendais visite. Nous passions un petit moment sous sa véranda. Il causait de la pluie et du beau temps, de

15 ses cultures et de la Guadeloupe d'autrefois. Je lui racontais mes petites histoires de classe pour le faire rire et l'entendre dire: « Ah! La jeunesse! Ah! La jeunesse d'aujourd'hui! » Ensuite, il m'invitait à venir prendre des fruits dans son jardin. Quand le sac était plein, Père Francis ne disait plus rien, et son regard se perdait vers le lointain. Je faisais pareil tout en le surveillant du coin de l'œil[5]. Silencieux et immobiles[6], nous pouvions rester des heures à regarder la plantation de cannes à sucre, la mer et la ligne

20 d'horizon qui, par beau temps, nous offrait de voir l'île de Montserrat, avec sa Soufrière.

D'après: Les colères du volcan, Gisèle Pinteau (2004)

1 le/la propriétaire = la personne à qui appartient une maison et/ou un terrain; 2 le franc = l'ancienne monnaie française; 3 le centimètre carré – der Quadratzentimeter; 4 le promoteur immobilier *m.* – der Immobilienmakler; 5 du coin de l'œil – aus den Augenwinkeln; 6 immobile *adj. m./f.* = qui ne bouge pas

1 *Vrai ou faux? Lis le texte et coche la bonne réponse. Corrige les phrases fausses en formant des phrases complètes.*

___ von 16 BE

	vrai	faux
1. Francis est le père de Cynthia.	☐	☐
2. Francis a 82 ans et Cynthia en a 12.	☐	☐

Dossier 1   7

	vrai	faux

3. Francis a une plantation de cannes à sucre qu'il va bientôt vendre. ☐ ☐

_____

4. La femme de Francis est partie en voyage. ☐ ☐

_____

5. Cynthia rencontre Francis tous les jours. ☐ ☐

_____

6. Ils bavardent et Francis offre à Cynthia des fruits de son jardin. ☐ ☐

_____

7. Quand ils n'ont plus rien à se dire, Cynthia rentre chez elle. ☐ ☐

_____

8. De son jardin, Francis voit un volcan. ☐ ☐

_____

2   *Lis le texte et coche la/les fin/s de phrase qui correspond/ent au texte.*   ___ von 6 BE

1. Pour Francis, cultiver la canne à sucre, c'est …
   ☐ … tenir une promesse qu'il a faite à son père.
   ☐ … une manière d'oublier sa fiancée qui l'a quitté.
   ☐ … respecter une tradition familiale.
   ☐ … plus intéressant que voyager.
   ☐ … ce qui l'a empêché d'être libre et de vivre la vie qu'il aurait aimé vivre.
   ☐ … un moyen pour devenir riche.

2. Pour Cynthia, aller chez Père Francis, c'est …
   ☐ … une bonne action pour qu'il ne soit pas toujours seul.
   ☐ … ennuyeux, mais comme ça elle peut avoir des fruits sans les payer.
   ☐ … pouvoir raconter ce qui se passe dans son école.
   ☐ … apprendre des choses sur l'histoire de la Guadeloupe.
   ☐ … connaître la culture de la canne à sucre, car elle veut elle-même avoir une plantation plus tard.

Grammaire

3   *Relie les phrases en utilisant le gérondif.*   ___ von 5 BE

1. Cynthia va chez le vieil homme. Elle lui fait plaisir.

_____

8 Dossier 1

2. Elle lui parle de l'école. Elle lui rappelle sa jeunesse.

_____

3. Ils regardent le paysage. Ils pensent à l'histoire de la Guadeloupe.

_____

4. Francis a promis à son père de continuer la culture de la canne à sucre. Il est devenu l'esclave de sa plantation.

_____

_____

5. Cynthia est avec Père Francis. Elle n'est plus jalouse des jumeaux qui s'entendent si bien.

_____

4 *Transforme les phrases.*
  a *Reformule les questions en utilisant l'interrogation par inversion.*
  b *Relie les phrases en utilisant le gérondif et la mise en relief pour répondre aux questions de* **a** *.*

_____ von 3 BE

_____ von 6 BE

1. **a** Comment est-ce que Marie-José a eu l'idée de partir en mer?

_____

  b Elle écoutait les histoires de pêche de son père. Et elle en a eu l'idée.

_____

2. **a** Quand est-ce que Jean-Daniel s'est souvenu de cette histoire de son enfance?

_____

_____

  b En 2008, il voyageait en train et il regardait le paysage. À ce moment-là, il s'est souvenu de cette histoire de son enfance.

_____

_____

3. **a** Pourquoi est-ce que René ne m'a pas parlé plus tôt de son association?

_____

  b Il a discuté avec moi, et il a alors décidé de s'engager dans cette association.

_____

Vocabulaire

5 *Complète le texte à l'aide des mots donnés dans le serpent de mots. Attention, un mot est utilisé deux fois! Mets les mots au pluriel et accorde les adjectifs si nécessaire.*

_____ von 5 BE

océanressourceîlearchipelmixitémétropoleconstituésuperficieofficiel

La Nouvelle-Calédonie est un _____ d'Océanie situé dans l'_____ Pacifique

à 1.500 km à l'est de l'Australie et à 2.000 km au nord de la Nouvelle-Zélande. Elle se trouve à presque

20.000 kilomètres de la _____, et elle couvre une _____ de 18.575,5 km².

La Nouvelle-Calédonie est une collectivité d'outre-mer. Une des principales _____ de l'île

est un métal[1] rare, le nickel. La Nouvelle-Calédonie est _____ d'une _____

principale, la Grande Terre et de plusieurs _____ plus petites. Le français est la langue

_____. En Nouvelle-Calédonie, la _____ des peuples est très importante,

puisqu'il y a des habitants d'origines africaine, européenne, asiatique et indonésienne.

1 le métal – das Metall

Médiation

6 *Un/e copain/copine français/e trouve cet article et veut savoir ce qu'on y dit de la Nouvelle-Calédonie. Tu le lui expliques. Fais cinq à six phrases.*

_____ von 12 BE

Frankreich in der Südsee

Auf dem Weg durch Grande Terre quartiert sich der Reisende in kleinen Privatunterkünften ein, die von den ursprünglichen Einwohnern oder auch von Caldoches geführt werden, jenen in Neukaledonien geborenen französischstämmigen Siedlern, die vor allem im Westen der Insel große Landgüter besitzen. Dort kommt das Gespräch fast unvermeidlich auf die politische Situation im Land und auf die Beziehung der Insel zu der Metropole.

Auch wenn die Regierung in Paris in den vergangenen Jahren immer mehr Autonomie zugelassen hat, ist ein zuverlässiger Weg in die Zukunft noch nicht gefunden. Richtig zufrieden, so scheint es, sind weder die ursprünglichen Einwohner, von denen viele die vollständige Unabhängigkeit Neukaledoniens fordern, noch die Caldoches, die mit den politischen Entscheidungen aus dem französischen Mutterland zwar oft kräftig hadern, aber von Unabhängigkeit dennoch wenig halten.

Kaum Grund zur Klage sehen lediglich die Franzosen, die sich vor einigen Jahren in Neukaledonien niedergelassen haben, um dort ihr ganz persönliches „Frankreich in der Südsee" zu genießen.

http://www.faz.net/s/RubB4457BA9094E4B44BD26DF6DCF5A5F00/Doc~E254FA864A087409588BDFB770A713965~ATpl~Ecommon~Scontent.html

Production de texte

7 Tu as un/une corres à la Guadeloupe qui t'envoie ce message avec ces photos. Tu lui réponds. Tu donnes ton avis et tu lui poses des questions sur les traditions du carnaval en Guadeloupe. Tu dis quel rôle joue pour toi le carnaval en Bavière, et plus généralement en Allemagne.

_____ von 16 BE

Adeline@free.fr

Carnaval

Salut!

Comment vas-tu? Ici, comme chaque année, nous commençons dès le mois de septembre à préparer nos costumes[1] de carnaval. Voici plusieurs idées qui me plaisent, mais je n'arrive pas à me décider.

Regarde les photos que je t'envoie: la première est un costume traditionnel pour se souvenir des esclaves. Les autres, tu verras toi-même. Qu'est-ce que tu en penses? Que ferais-tu à ma place? Qu'est-ce que tu me conseilles? Et toi en Allemagne, tu prépares aussi quelque chose pour le carnaval? J'attends ta réponse!

a+

A.

---

1 le costume – das Kostüm

Schulaufgabe B

___ von 65 BE

Compréhension orale

1 *Écoute le texte et coche la bonne réponse.*

___ von 6 BE

1. Cette île ne fait pas partie de la France d'outre-mer.

 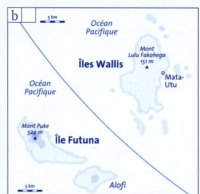 

2. Quel voyage est-ce que la ministre a fait de nombreuses fois?

  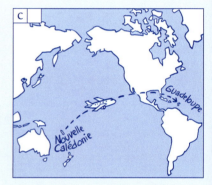

3. Qu'est-ce qu'il y a eu en Nouvelle-Calédonie en 2003?

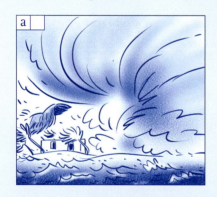  

4. Qu'est-ce que l'État paie aux jeunes des DOM-COM qui veulent étudier en métropole?

 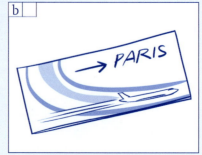 

12 Dossier 1

2 *Vrai ou faux? Écoute le texte et coche la bonne réponse. Corrige les phrases fausses en formant des phrases.*

_____ von 12 BE

1 ◎

	vrai	faux
1. La ministre s'occupe surtout des problèmes du climat dans les DOM-COM.	☐	☐

_____

| 2. En 2003, l'État s'est engagé pour reconstruire ce qui avait été détruit en Nouvelle-Calédonie. | ☐ | ☐ |

_____

| 3. Les programmes scolaires sont les mêmes à Paris, Pointe-à-Pitre, Saint-Pierre et Miquelon et Papeete. | ☐ | ☐ |

_____

| 4. « Le passeport de mobilité » permet à tous les habitants des DOM-COM d'aller une fois par an en métropole sans payer. | ☐ | ☐ |

_____

| 5. Dans les DOM-COM, la majorité de la population réclame l'indépendance. | ☐ | ☐ |

_____

| 6. Les DOM-COM sont intéressants pour la France seulement sur le plan géographique. | ☐ | ☐ |

_____

Grammaire

3 *Complète le dialogue en utilisant la mise en relief.*

_____ von 5 BE

Baptiste: Nicolas Anelka est guadeloupéen, n'est-ce pas?

Riad: Mais non, _____ en Martinique _____ Anelka est né!

Laura: Et _____ Lilian Thuram _____ est né en Guadeloupe.

Flora: _____ ne _____ pas plutôt les parents d'Anelka _____ ont immigré en métropole?

Baptiste: Et Thierry Henry alors? _____ sa mère ou son père _____ est guadeloupéen?

Laura: Son père, je crois. Sa mère est martiniquaise. Mais Thierry Henry est né en région parisienne.

Riad: Il faut vraiment tout vous dire! _____ Nicolas Anelka et Sylvain Wiltord

_____ sont nés en région parisienne. Henry, lui, vient du département de l'Essonne.

Dossier 1 **13**

Vocabulaire

4 Complète la grille de mots.   ___ von 8 BE

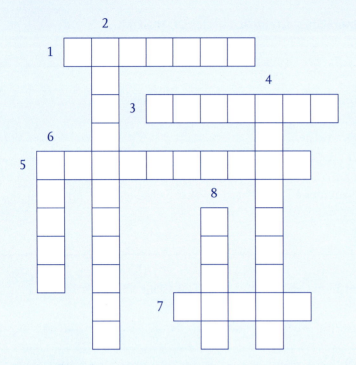

Horizontal:
1. C'est quand tu as un avis sur une chose ou une personne avant de la connaître.
3. C'est quelqu'un qui n'est pas libre et dont la vie appartient à quelqu'un d'autre.
5. C'est un endroit où on cultive quelque chose en grande quantité.
7. C'est une personne qui est allée habiter dans une colonie pour y cultiver la terre.

Vertical:
2. C'est un genre de musique qui vient des Antilles.
4. C'est une action qui fait qu'une chose n'existe plus.
6. C'est l'art d'attraper des poissons.
8. C'est un lac d'eau salée dans la mer.

Vocabulaire et grammaire

5 a Mets le verbe au temps indiqué.   ___ von 9 BE
      b Traduis en français le verbe et mets-le au gérondif.   ___ von 7 BE

Je suis un vieux Guadeloupéen et j'ai envie de vous raconter mon histoire.

Mon père **a** _____ déjà _____ (se marier – plus-que-parfait) une

fois, mais sa femme est morte à la naissance de son troisième enfant. C'est **b** _____

(großziehen) seul ses trois enfants qu'il **a** _____ (réussir – passé composé) à

impressionner ma mère. Ils **a** _____ alors _____ (se marier –

passé composé) et je suis né. De mon enfance à Pointe-à-Pitre, je ne **a** _____ (se souvenir –

14 Dossier 1

présent) que de mon grand-père qui **a** _____ (lutter – imparfait) pour que les enfants

apprennent le créole à l'école. **b** _____ (sich engagieren) pour cette langue, il

a _____ (exprimer – imparfait) aussi son amour pour la Guadeloupe.

Quand j' **a** _____ (avoir – imparfait) dix ans, mes parents **a** _____

(décider – passé composé) de partir vivre à Paris. Se séparer de sa famille **a** _____ (être –

passé composé) dur pour mon grand-père! Cela l' **a** _____ (rendre – passé composé)

très triste, mais il **a** _____ (ne rien pouvoir– passé composé) faire.

b _____ (einwandern) en métropole, mes parents **a** _____ (penser –

imparfait) améliorer leur niveau de vie. Ce n'est pas vraiment ce qui **a** _____ (se passer –

passé composé).

b _____ (verlassen) la Guadeloupe, ils **a** _____ (perdre – passé

composé) beaucoup de choses: la pêche, les fruits de leur jardin comme ces délicieux melons que je n'ai

jamais retrouvés.

Je suis retourné en Guadeloupe en 1999. En 2000, j'ai commencé à travailler dans le magasin qui

a _____ (appartenir – plus-que-parfait) à mon grand-père. **b** _____

(betreiben) un petit magasin dans l'île et **b** _____ (haben) beaucoup de relations,

on **a** _____ (apprendre – présent) beaucoup de choses sur les touristes et sur les

habitants de l'île, mais aussi sur les relations entre la Guadeloupe et la métropole.

Quand on pense qu' **b** _____ (landen) ici, Christophe Colomb

a _____ (croire – imparfait) arriver en Inde. C'est un malentendu qui

a _____ (avoir – passé composé) pas mal de conséquences!

Dossier 1 **15**

Production de texte

6 *Tu es sur un chat consacré aux DOM-COM et tu discutes avec quelqu'un qui préfère passer ses vacances en métropole. Toi, tu préfères partir à la Réunion. Tu essaies de convaincre ton/ta partenaire en parlant de ce qui est différent ou de ce qui se ressemble entre ces deux endroits. Utilise les photos pour donner des arguments.*

___ von 18 BE

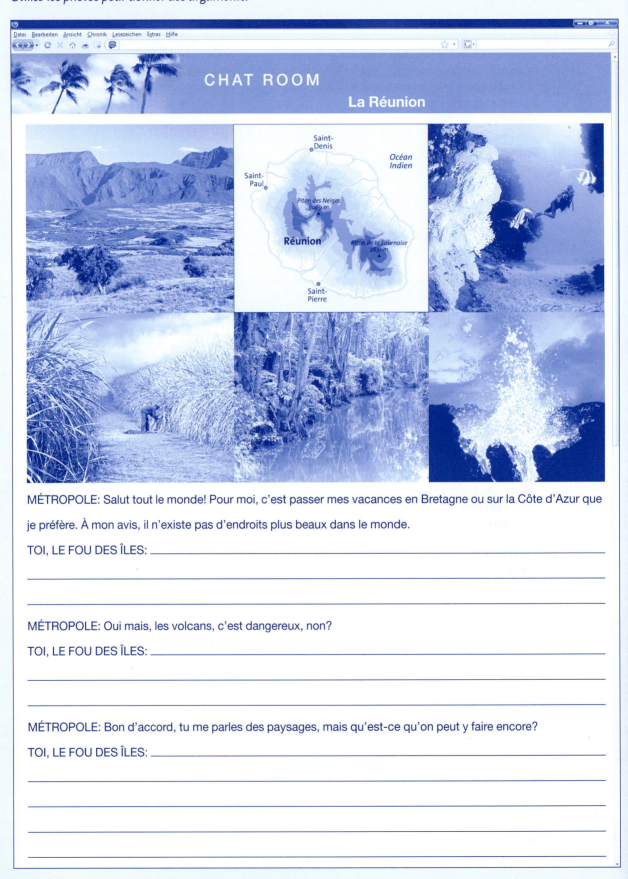

MÉTROPOLE: Salut tout le monde! Pour moi, c'est passer mes vacances en Bretagne ou sur la Côte d'Azur que je préfère. À mon avis, il n'existe pas d'endroits plus beaux dans le monde.

TOI, LE FOU DES ÎLES: _____

_____

MÉTROPOLE: Oui mais, les volcans, c'est dangereux, non?

TOI, LE FOU DES ÎLES: _____

_____

MÉTROPOLE: Bon d'accord, tu me parles des paysages, mais qu'est-ce qu'on peut y faire encore?

TOI, LE FOU DES ÎLES: _____

_____

16 Dossier 1

DOSSIER **2** *Au travail!*

Schulaufgabe A

___ von 72 BE

Compréhension écrite

La guerre des séries: Va-t-on enfin en sortir?

LES SCIENTIFIQUES

Les chiffres: 141.536 bacheliers S en 2007 dont 47,3 % de filles

Âge moyen à la date du bac: 18 ans et 6 mois pour les garçons, 18 ans et 3 mois pour les filles

5 • **Ce qu'en disent les élèves**

«La concurrence y est très grande. Quand tu as une mauvaise note, toute la classe se moque de toi pendant une semaine.» César, Terminale L après une première S

• **Réaction**

10 «On est généralement catalogué comme des intellos qui ne savent pas s'amuser. Bien sûr, on ne réfléchit pas de la même manière que dans les autres séries, mais cela ne veut pas dire que nous sommes plus intelligents, on doit juste travailler un peu plus.» Emma, Terminale S

15 • **Ce qu'en pensent les profs**

«C'est une filière[1] où il y a beaucoup de sélection. La moyenne d'âge est plus basse parce que les élèves n'ont jamais redoublé. Cela reste une filière d'élite.» Gilbert Longhi, principal

20 • **L'avis de Phosphore**

Beaucoup d'élèves entrent en S pour ne pas se fermer de portes, mais sans savoir exactement ce qu'ils voudraient faire plus tard. En réalité, peu d'entre eux font ensuite des études scientifiques. À force de faire des sciences une matière de sé-

25 lection, les élèves oublient qu'on peut s'y intéresser parce qu'on aime cela. Dommage!

LES ÉCONOMISTES

Les chiffres: 90.354 bacheliers ES en 2007 dont 63,8 % de filles

30 **Âge moyen à la date du bac:** 18 ans et 9 mois pour les garçons, 18 ans et 6 mois pour les filles

• **Ce qu'en disent les élèves**

«Ils sont assez différents les uns des autres. Ils sont très ‹fashion›. Plutôt des gens qui vont danser dans les

35 discothèques et qui ne savent pas encore où se diriger après le bac.» César, Terminal L

«En S, on dit souvent que les ES ne foutent[2] rien. Mais c'est sans doute parce qu'ils ont beaucoup de matières que les S n'aiment pas … Alors nous nous imaginons qu'elles sont plus

40 simples que tout notre charabia[3].» Emma, Terminale S

• **Réaction**

«Ce sont les seuls qui sont normaux.» Kim, Terminale ES

• **Ce qu'en pensent les profs**

«Les ES ont un grand intérêt pour l'actualité, l'histoire, la géo-

45 politique. Cette série accueille ceux qui espèrent entrer à Sciences Po[4] ou dans d'autres grandes écoles. Ce sont souvent eux, avec les L, qui s'occupent du journal du lycée …» Gilbert Longhi, principal

«J'aime beaucoup travailler avec les ES. Ils s'intéressent à

50 l'actualité. Ils aiment se poser des questions sur l'évolution de la société et du monde.» Kamel Hachkar, professeur d'histoire-géo

• **L'avis de Phosphore**

La série ES est sans aucun doute la plus complète du lycée.

55 On a tort de la critiquer: 84 % des ES obtiennent un diplôme d'études supérieures[5] contre 87 % de S.

LES LITTÉRAIRES

Les chiffres: 49.843 bacheliers L en 2007 dont 80,7 % de filles

60 **Âge moyen à la date du bac:** 18 ans et 10 mois pour les garçons, 18 ans et 6 mois pour les filles

• **Ce qu'en disent les élèves**

«Les L sont des passionnés. C'est facile en plus comme série, et il n'y a rien de concret: ça sert à quoi, la philo?» Juan, pre-

65 mière ES après une première S

«C'est une filière très féminine! Il n'y a que deux garçons en L dans mon lycée.» Emma, Terminale S

• **Réaction**

«Nous sommes des glandeurs[6] sympas qui aimons la lecture

70 et l'art!» César, Terminale L

• **Ce qu'en pensent les profs**

«Regardez leur programme, il est assez chargé. Croire que les L ne font rien est totalement infondé.» Éric Schatt, professeur de SVT

75 «De vrais intellos? Pas forcément … On retrouve beaucoup de très bons littéraires en S. Les L sont en général très bons en langues et souvent très actifs à l'oral. Mais malheureusement, ce ne sont pas forcément des jeunes qui aiment la lecture …» Kamel Hachkar, professeur d'histoire-géo

80 • **L'avis de Phosphore**

Beaucoup d'élèves ont l'impression qu'être en L, c'est être sur une voie de garage[7]. Pourtant, il y a beaucoup d'orientations possibles après une L …

D'après: Phosphore (décembre 2008)

---

1 la filière = la série; 2 foutre qc *fam.* = faire qc; 3 le charabia – das Kauderwelsch; 4 Sciences Po = l'Institut d'Études politiques *m.* – französische Elitehochschule für Politikwissenschaften; 5 les études supérieures *f. pl.* = das Hochschul- bzw. Universitäts-studium; 6 le/la glandeur/-euse *fam.* = qui passe son temps à ne rien faire; 7 la voie de garage – das Abstellgleis

Dossier 2 **17**

1 *Lis le texte et coche la bonne réponse.*   ___ von 3 BE

1. Dans le texte, il s'agit d'une interview avec …
   - a ☐ … des élèves de différentes séries et des profs.
   - b ☐ … des élèves de différentes séries uniquement.
   - c ☐ … des élèves de différentes séries et de leurs parents.

2. Le thème de l'interview, c'est …
   - a ☐ … la guerre entre les jeunes qui aiment la lecture et s'amuser et les profs qui veulent les faire travailler et réussir au bac.
   - b ☐ … les préjugés que les élèves d'une série au lycée ont contre les élèves d'autres séries.
   - c ☐ … savoir quelles sont les matières avec lesquelles on a le plus de chance de réussir au bac.

3. Phosphore, c'est …
   - a ☐ … le magazine dans lequel on peut lire l'interview.
   - b ☐ … le nom du lycée où vont les élèves de l'interview.
   - c ☐ … le nom du journal du lycée.

2 *Lis le texte et complète le tableau. Utilise aussi le numéro de la phrase qui convient.*   ___ von 21 BE
Attention, une case peut avoir plusieurs numéros et certaines cases restent vides!

	… est …	… dit que dans la série S …	… dit que dans la série ES …	… dit que dans la série L …
César …				
Emma …				
Kim …				
Juan …				
Gilbert Longhi …				
Kamel Hachkar …				
Éric Schatt …				

1. … ce n'est pas comme dans les autres séries parce qu'on y trouve des gens normaux.
2. … les élèves travaillent plus, mais cela ne veut pas dire qu'ils sont plus intelligents.
3. … les élèves aiment faire la fête, mais ils ne savent pas ce qu'ils veulent faire plus tard.
4. … il y a des élèves très bons en langues et qui participent bien en classe, mais cela ne veut pas dire qu'ils aiment lire.
5. … il y a beaucoup d'élèves qui s'intéressent à l'actualité.
6. … les élèves sont plus jeunes en moyenne que dans les autres séries.
7. … on trouve souvent des élèves qui s'occupent du journal du lycée.
8. … on apprend des choses qui ne servent à rien.
9. … il y a des élèves qui aiment l'art et la culture, mais qui n'aiment pas beaucoup travailler.
10 … les mauvaises notes d'un élève font rire le reste de la classe.
11. … les matières ont l'air faciles pour ceux qui ne les aiment pas vraiment.
12. … il n'y a presque que des filles.
13. … il y a aussi beaucoup de bons littéraires.
14. … les élèves travaillent beaucoup aussi.

Grammaire et vocabulaire

3 **a** *Complète les définitions avec* y *ou* en.   ___ von 5 BE
        b *Donne le mot qui correspond à la définition.*   ___ von 4 BE

1. Le concepteur multimédia **a** _____ crée. Ce sont des **b** _____, des

    jeux vidéo ou encore des sites Internet.

2. La coiffeuse **a** _____ travaille. C'est le **b** _____.

3. On va à l'université pour **a** _____ obtenir après plusieurs années d'études. Ce sont des

    b _____.

4. En France, les enfants **a** _____ passent normalement une année et ils **a** _____

    apprennent à lire. C'est le cours **b** _____.

5. En France, on est obligé d' **a** _____ aller quand on n'a pas d'emploi et qu'on

    a _____ cherche un. C'est l' **b** _____.

6. Moi, je voudrais un métier où je puisse **a** _____ prendre parce que je n'aime pas faire

    ce qu'on me dit sans pouvoir décider moi-même. Je parle des **b** _____.

7. On peut **a** _____ fabriquer des voitures ou des chaussures. C'est l' **b** _____.

8. Chaque pays, chaque région **a** _____ a. Elles ont souvent une origine historique et font

    partie de l'histoire des gens ou de leurs familles. Ce sont les **b** _____.

Grammaire

4 *Traduis en français le verbe entre parenthèses et complète le texte en utilisant l'indicatif,*   ___ von 8 BE
     le subjonctif ou le participe présent de ce verbe.

– Voudrais-tu être à ton compte plus tard?

– _____ (kommen) d'une famille de fonctionnaires et _____ (haben) des

    parents qui _____ (sein) professeurs tous les deux, je ne crois pas vraiment que

    ce _____ (sein) la voie la plus facile pour moi. Je _____ (suchen) un

    domaine où je _____ (sich fühlen) bien et où je _____ (können)

    utiliser ma créativité au maximum. J'espère que j'en _____ (finden) un!

    Mais _____ (sein) réaliste, je prépare en même temps un examen pour devenir prof,

Dossier 2 **19**

parce qu'on _____ (nie wissen), il est possible que je _____

_____ (nicht gelingen) à réaliser mon rêve et que je _____

(müssen) devenir fonctionnaire comme mes parents ... Et toi?

– Je ne crois pas qu'il _____ (sein) nécessaire de se mettre à son compte pour être

heureux! Mais _____ (wissen) que cela _____ (sein) parfois plus facile

que de trouver un emploi quelque part, j'y _____ (denken) quand même!

Médiation

5 a *Un/e copain/copine français/e te demande ce qui est important pour le choix des matières principales pour le bac allemand. Tu lui fais un résumé des tuyaux que tu as trouvés sur Internet. Fais cinq à six phrases.*

___ von 10 BE

LK – Wahl – Tipps – Tricks

Hier einige Tipps, die man bei der Wahl seiner LKs beachten sollte:

Tipp 1: Das beste Fach
Sicherlich ist es sinnvoll sein bestes Fach als LK zu wählen, insofern dies möglich ist. Hier hat man dann die Möglichkeit viele Punkte zu sammeln, die die Abi-Note entsprechend steigern. Ist das beste Fach dann auch noch das persönliche Lieblingsfach, so hat man zwei Fliegen mit einer Klappe geschlagen.

Tipp 2: Der gute Lehrer
Mit Sicherheit eines der wichtigsten Kriterien bei der Wahl eines LKs ist der jeweilige Lehrer.

Tipp 3: Das leichte Fach
Man sollte sich immer gut überlegen, welches Fach gut für eine mündliche Prüfung sein kann. Am besten geeignet sind hierfür die Fächer, wo man drauf los reden kann, wie Geschichte, Politik oder Religion. Allgemein gilt: Fächer, wo viel geredet wird, sollte man lieber als Grundkurs nehmen.

Tipp 4: Die Zukunft
Natürlich ist auch die Zukunft sehr wichtig beim Wahl eines LK, denn man will ja evtl. sein Abi auch auf den späteren Beruf oder das Studium abstimmen, oder? Daher ist es gut, wenn man schon vor dem Abi weiß, was man später vor hat. Denn wie oft habe ich nach meinem Abi von diversen Leuten gehört, dass sie den falschen LK hatten und diesen heute gar nicht mehr brauchen, sondern eher einen anderen hätten nehmen sollen.

Tipp 5: Freunde sieht man auch in der Pause
Nie, aber wirklich NIE sollte man den LK wählen, weil ihn auch der beste Freund genommen hat. Wie oft sind hier schon Schüler auf die Nase gefallen, da sie von dem Fach keine Ahnung haben. Ich denke hier kann die Freundschaft auch bis zur Pause warten und jeder kann im Unterricht auch mal alleine sein.

D'après: http://www.ciao.de/LK_Wahl_Tipps_Tricks__Test_2628902

_____

_____

_____

_____

b *Tu dis à ton copain / ta copine ce que tu penses de ces tuyaux.*   ____ von 5 BE

_____

_____

_____

Production de texte

6 *Tu reçois ce message de ton/ta correspondant/e français/e. Tu réponds à sa question et tu lui*   ____ von 16 BE
donnes de bons tuyaux. Fais six à huit phrases.

> Chissiouba
> Mtsamboro
>
> J@omail.fr   Océan
>   Indien
>
> Toujours des maths!
>
>   Mamoudzou ₒ ₒDzaoudzi
> Ma Salut! Grande   Petite
>   Terre   Terre
> Mama Bendra
> 660 m
>
> Je ne t'ai pas écrit depuis longtemps. Pardon! Mais c'est parce que depuis que je suis en sec-
> tion S, j'ai vraiment trop de boulot: un devoir de maths à la maison toutes les semaines et des
> tests tout le temps! C'est la galère! Moi qui adorais lire, je n'ai plus ouvert un livre depuis un
> mois! Je me demande vraiment ce que je fais là. Est-ce qu'en Allemagne vous avez aussi des
> séries qui ouvrent plus de portes que d'autres et que vous faites même si vous n'aimez pas les
> matières?
> Bon, les maths appellent, à plus!
> J.

_____

_____

_____

_____

_____

_____

_____

_____

Schulaufgabe B

___ von 68 BE

Compréhension orale

Im Text kommt dieser Name vor: Sciences Po [sjãspo] = l'Institut d'Études politiques *m.* – französische Elithochschule für Politikwissenschaften.

1 *Écoute le texte et réponds aux questions en cochant la bonne réponse.* ___ von 8 BE

1. Lequel de ces trois titres correspond à ce qui est dit dans le texte?

a	b	c
LA VÉRITÉ SUR LE TOURISME EN FRANCE: • 1 million de personnes y travaillent. • 40 % de ces personnes ne voyagent jamais. • 100.000 ne travaillent qu'une partie de l'année.	LA VÉRITÉ SUR LE TOURISME EN FRANCE: • 1 million de personnes y travaillent. • 80 % de ces personnes ne voyagent jamais. • 400.000 ne travaillent qu'une partie de l'année.	LA VÉRITÉ SUR LE TOURISME EN FRANCE: • 1,5 million de personnes y travaillent. • 80 % de ces personnes ne voyagent jamais. • 300.000 ne travaillent qu'une partie de l'année.

2. Sur 100 filles qui préparent un baccalauréat scientifique, il y en a combien qui vont le réussir?

a 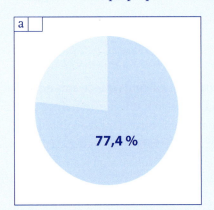 b 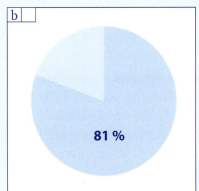 c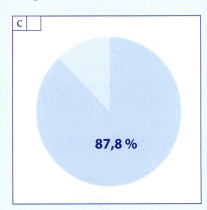

3. Quel métier ne marche plus aussi bien qu'avant?

a  b  c

4. Lequel de ces graphiques correspond au texte?

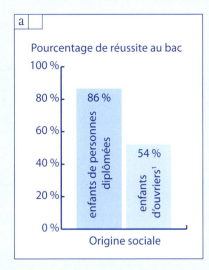
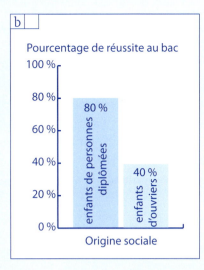
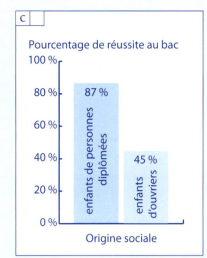

1 l'ouvrier *m.* – der Arbeiter

2 *Vrai ou faux? Écoute le texte et corrige les phrases fausses en citant le passage du texte qui convient.*

___ von 18 BE

	vrai	faux
1. Pour travailler dans le tourisme, il faut être capable de s'adapter parce qu'il est possible qu'on ne puisse pas faire le même travail durant toute l'année.	☐	☐
2. Le pourcentage de filles qui réussissent au bac est uniquement vrai pour la France. Dans les autres pays européens, c'est différent.	☐	☐
3. On cherche surtout des informaticiens qui sachent installer tout le système d'une entreprise.	☐	☐
4. Ce qui compte quand on veut travailler dans l'informatique, c'est de s'y connaître. Les diplômes ne sont pas très importants.	☐	☐
5. De très bonnes écoles comme Sciences Po ne laissent aucune chance à des jeunes venant de milieux défavorisés.	☐	☐
6. La formation continue, c'est continuer à apprendre et à se former quand on travaille déjà.	☐	☐

▌▌▌▌▌ Vocabulaire et grammaire

3 *Complète le texte avec la traduction française des expressions entre parenthèses.*   ___ von 9 BE

Tu dis que tu veux voyager avant d'étudier. _____ (einerseits), je te comprends, mais

_____ (andererseits), je trouve cette idée un peu risquée. _____' (obwohl)

on dise que les voyages sont aussi une bonne formation, je ne crois pas que cela soit _____

(genau) ce dont tu as besoin en ce moment!

_____ (damit) tu puisses trouver plus tard un emploi, il faudrait commencer tes études

tout de suite après le bac. _____ (da) tu as déjà redoublé deux fois, faire d'abord un tour du

monde risquerait d'être fatal.

▌▌▌▌▌ Grammaire

4 *Transforme et complète le texte.*
  a *Remplace les participes présents barrés par une expression subordonnée équivalente.*   ___ von 12 BE
  b *Utilise le pronom démonstratif qui convient.*   ___ von 5 BE

~~Aimant l'art~~ **a** _____, mais ~~ne pouvant pas~~ **a** _____

en faire moi-même, j'ai décidé de ne pas me lancer dans le métier d'artiste, mais dans **b** _____

_____ de vendeur d'œuvres d'art. Je m'intéresse aux tableaux[1] et aux photographies

~~parlant de notre époque~~ **a** _____. Ainsi, j'aime bien les tableaux de

Nicolas de Staël, mais je préfère encore **b** _____ d'Anselm Kiefer. Par contre, je

déteste les peintres d'aujourd'hui ~~imitant encore Picasso~~ **a** _____!

~~Venant d'une génération~~ **a** _____ qui est **b** _____

_____ du multimédia, je donne aussi la priorité à des sculptures et des installations vidéo[2]

comme **b** _____ de Pipilotti Rist. ~~Possédant une grande curiosité~~ **a** _____

_____, je découvre facilement des artistes ~~ayant du talent~~ **a** _____

_____. J'ai également des relations excellentes avec mes clients, surtout

avec **b** _____ qui n'achètent pas pour faire une affaire, mais parce qu'ils

aiment vraiment l'œuvre!

1 le tableau – das Gemälde; 2 l'installation vidéo *f.* – die Videoinstallation

Production de texte

5 *Tu t'intéresses à l'une de ces annonces[1]. Écris une lettre de motivation dans laquelle tu expliques pourquoi l'annonce t'intéresse et pourquoi tu penses être fait/e pour ce travail.*

___ von 16 BE

Famille franco-allemande habitant à Paris (8e) cherche JF ou JH parlant allemand pour venir chercher trois enfants tous les jours à l'école et les garder jusqu'au retour des parents à 19 heures. Deux soirées de garde par semaine. Chambre dans l'appartement et repas avec la famille.

VILLE DE VILLEFRANCHE cherche **JF ou JH parlant allemand** pour faire des visites guidées de la vieille ville en allemand. Bonnes connaissances en histoire et bonne tenue vestimentaire souhaitées.

1 l'annonce *f.* – die Anzeige

DOSSIER 3 *Vers l'Europe*

Schulaufgabe A

_____ von 70 BE

Compréhension écrite

L'été 1963

Je venais d'avoir 16 ans. C'était l'été. J'étais seul dans le compartiment de ce train filant vers l'Allemagne où je devais passer plusieurs semaines, dans la petite ville de Kehlstein, chez un correspondant allemand qui ne me correspondait en rien. (...)

5 En ce début des années soixante, je suis un petit Français qui séjourne en Allemagne, pour se perfectionner dans cette première langue étudiée au lycée. Ce n'est pas encore courant. Il m'a fallu faire un long voyage, passer solennellement[1] les frontières, avant de rencontrer la famille du correspondant qu'un professeur attentionné m'a aidé à trouver, et ne recevoir des nouvelles de France que par les lettres de ma mère qui mettent des jours à arriver. À peine plus jeune que la paix, me voilà livré à[2] moi-même

10 pour la première fois! (...)

Mon correspondant s'appelle Thomas. Blond, toujours de bonne humeur, plein d'énergie, il ne s'intéresse qu'au sport et aux filles. Sympathique mais d'autant plus gêné par ma présence que sa mère insiste pour qu'il réponde en français au peu de mots que je baragouine[3] en allemand. Et il craint la concurrence que je peux lui faire auprès de ses petites amies. Entre nous, le dialogue a vite été interrompu.

15 Rien à nous dire!

Moi, je suis brun, particulièrement timide, mais je déborde[4] aussi d'une énergie que je mets toute entière dans mes dessins. J'use quantité de crayons à dessiner, tandis que Thomas nage, escalade, flirte, danse, joue au tennis, boit de la bière et raconte à l'oreille des filles des histoires drôles auxquelles je ne comprends rien. Le plus souvent, il me retrouve penché sur le papier, attentif aux bruits nouveaux, aux

20 voix étrangères, aux odeurs de bois, de cailloux et de toutes ces fleurs dont les balcons sont pleins.

– Alors, qu'as-tu encore inventé aujourd'hui, mein Franzose? (Thomas ne m'appelle jamais « Paul »!) (...)

Par chance, je suis arrivé en Allemagne avant les vacances scolaires et, au cours des matinées passées au lycée avec Thomas, j'ai fait connaissance de ses nombreux amis. Pour eux aussi, je suis « der Franzose » ou le « dessinateur »: un type un peu artiste, fantaisiste et approximatif, donc parfaitement français! In-

25 trigués par mes dessins, ils se tordent le cou[5], froncent les sourcils et essaient d'identifier les formes, puis ils prennent du recul en hochant la tête[6]: « Ja, ja ... Schön! Aber was ist das? »

D'après: Le rire de l'ogre, Pierre Péju (2005)

1 solennellement *adv.* – feierlich; 2 être livré/e à qn/qc – jdm/etw. geliefert sein; 3 baragouiner (une langue) = parler mal (une langue); 4 déborder (d'énergie) = avoir beaucoup (d'énergie); 5 se tordre le cou – sich den Hals verrenken; 6 hocher la tête = dire oui avec la tête

1 *Lis le texte et complète le tableau.*

_____ von 9 BE

	Paul	Thomas
Nationalité		
Âge		
Couleur des cheveux		
Caractère		
Passion/s		

2 *Lis le texte et dis qui fait quoi.*   ___ von 7 BE

La mère de Paul ⎡1⎤   ⎡a⎤ regardent les dessins sans comprendre.
La mère de Thomas ⎡2⎤   ⎡b⎤ fait un long voyage.
Un professeur ⎡3⎤   ⎡c⎤ écrit de longues lettres.
Thomas ⎡4⎤   ⎡d⎤ n'appelle jamais son correspondant par son prénom.
Paul ⎡5⎤   ⎡e⎤ veut que son fils réponde dans la langue du correspondant.
Les amis de Thomas ⎡6⎤   ⎡f⎤ choisissaient l'allemand comme première langue.
En 1963, peu de Français ⎡7⎤   ⎡g⎤ a trouvé une famille en Allemagne pour un échange.

1. _____   2. _____   3. _____   4. _____   5. _____   6. _____   7. _____

3 *Lis le texte.*
a *Coche la bonne réponse.*   ___ von 3 BE
b *Justifie ta réponse en citant le texte.*   ___ von 3 BE

1. **a** Paul a trouvé un correspondant   ☐ qui va bien avec lui.
                                          ☐ qui ne va pas du tout avec lui.

   b _____

2. **a** Paul est né   ☐ avant 1945.
                       ☐ après 1945.
                       ☐ en 1945.

   b _____

3. **a** Pour les amis de Thomas, Paul   ☐ correspond au cliché du Français.
                                         ☐ ne correspond pas au cliché du Français.

   b _____

▌▌▌▌▌▌ **Vocabulaire**

4 *Que sais-tu sur l'Europe? Complète les questions et les réponses de ce quiz.*   ___ von 5 BE

1. Qu'est-ce que l'Europe des six?

   C'est l'_____ de l'Union européenne.

2. Quand a été signé le premier _____ de construction

   européenne?

   Il a été signé à Rome en 1957.

3. Combien de _____ compte actuellement l'Union européenne?

   Elle en compte actuellement 27.

Dossier 3 27

4. Quelle est la _____ de l'Union européenne?

C'est « unis dans la diversité ».

5. Qu'est-ce que les accords de Schengen de 1995 permettent?

Ils permettent de passer plus facilement les _____.

Grammaire

5 *Transforme le texte. Mets les phrases soulignées à la forme active. Attention au temps des verbes!* —— von 6 BE

Au commissariat

1. Mon histoire est difficile à croire, Monsieur le commissaire, mais il faut absolument que vous m'écoutiez jusqu'au bout! Je ne voulais pas devenir un bandit. Mais j'ai été entraîné par des garçons qui sont en première et qui m'ont fait peur.

_____

_____

2. D'abord, ils ne sont pas venus seuls à notre rendez-vous. Ils étaient accompagnés par des types plus grands qui n'étaient pas du lycée.

_____

_____

3. Ils m'ont dit que si je ne participais pas, ils me dénonceraient à la police! J'ai été intimidé par eux.

_____

4. J'ai accepté de les aider. Ils voulaient que je rentre le premier dans la villa et que je leur ouvre la porte. Ils ne m'ont pas dit qu'il y avait un chien et qu'ils allaient le tuer. Quand le chien est mort, j'ai compris qu'il se passait quelque chose de grave et que j'étais en train de faire une grande bêtise. Mais il était trop tard. L'alarme[1] a sonné, la police est arrivée. J'ai été pris par la police et je serai puni par elle.

_____

_____

À cause de cette histoire horrible, toutes mes chances de réussir dans la vie sont ruinées.

1 l'alarme *f.* – *hier:* die Alarmanlage

28 Dossier 3

6 *Complète le texte.*
  a *Utilise les adjectifs entre parenthèses. Attention à l'accord!*
  b *Utilise les pronoms possessifs qui conviennent.*

_____ von 3 BE

_____ von 6 BE

1. La prof allemande trouve que les élèves français n'écoutent pas bien. La prof française trouve que c'est

   parce que les Allemands font trop de bruit. Elle répond: « Mes élèves ne sont peut-être pas les plus

   faciles, mais **b** _____ sont les plus **a** _____ (bruyant)! »

2. Paul pense que les hommes politiques qui font l'Europe ne pensent qu'à l'économie et aux marchés alors

   que les jeunes pensent aussi à la culture: « Notre Europe est culturelle alors que **b** _____

   est **a** _____ (commercial)! »

3. Virginie et Mathilda comparent les garçons de la classe française et de la classe allemande. Virginie

   trouve les Allemands tellement drôles qu'elle ne les oubliera jamais! Elle dit à sa corres Mathilda: « Nos

   garçons sont pas possibles, mais **b** _____ sont vraiment **a** _____

   (inoubliable)! »

4. Benni et Loïc comparent les équipes de foot de leurs régions. Loïc dit: « Vos joueurs ne sont pas mal,

   mais **b** _____ font partie des meilleurs joueurs au niveau **a** _____

   (mondial)! Il n'y en a que quelques-uns sur la planète qui jouent aussi bien! »

5. Sarah-Zorah et Mia se promettent de rester amies toute la vie. « On ne sait pas combien de temps vivra

   l'amitié entre nos deux communes, mais **b** _____ est **a** _____ (durable),

   c'est sûr! »

6. Le maire allemand a posé des fleurs devant le monument aux morts du village français. Le maire de la

   commune française lui dit: « Ton geste, Karl-Heinz m'a beaucoup touché, **b** _____ sera

   aussi **a** _____ (symbolique)! » Et il lui donne un tapis avec les drapeaux[1] des deux

   communes.

1 le drapeau – die Flagge

Dossier 3 **29**

Médiation

7 *Résume cette critique du film « À l'Ouest rien de nouveau » pour un/e copain/copine français/e. Fais six à huit phrases.* ___ von 12 BE

> „Im Westen nichts Neues" ist der Titel von einem amerikanischen Spielfilm von Lewis Milestone aus dem Jahr 1930 nach dem gleichnamigen Antikriegsroman von Erich Maria Remarque. Der Film gilt als einer der bekanntesten und beeindruckendsten Antikriegsfilme. Erzählt wird die Geschichte des deutschen Gymnasiasten Paul Bäumer, der sich bei Ausbruch des Ersten Weltkrieges wie alle anderen seiner Klassenkameraden freiwillig zur Armee meldet, nachdem ihnen von ihrem Lehrer die „Vorzüge" des Heldentodes geschildert wurden. Nach einem harten Drill werden die jungen Soldaten an die Front geschickt.
>
> Bei einem Heimaturlaub besucht Bäumer seine alte Schule, in der ihn sein ehemaliger Lehrer als Beispiel für „deutschen Heldenmut" darstellen will. Bäumer erzählt aber ungeschminkt von der Front.
>
> Am Ende des Films kehrt Bäumer an die Front zurück und muss erfahren, dass viele seiner Kameraden bereits gefallen sind. (…) Die letzte Szene spielt im Herbst 1918, einige Tage vor Ende des Krieges. Bäumer versucht, einen Schmetterling zu fangen, und wird erschossen.
>
> In Deutschland wurde der Film aufgrund massiver, gewaltvoller Nazikrawalle in diversen Kinos bereits eine Woche nach seiner Erstaufführung aus den Kinos verbannt. Auch in Frankreich durfte er aufgrund der mehrminütigen Verbrüderungsszene eines deutschen mit einem französischen Soldaten im Schützengraben bis 1963 nicht gezeigt werden.
>
> D'après: http://www.cinema.de/dvd/katalog/dvd/im-westen-nichts-neues,49677,ApplicationDvd.html?tab=Filmkritik und Wikipedia

___
___
___
___

Production de texte

8 *Tu es impressionné/e par les dernières scènes du film « À l'Ouest rien de nouveau ». Tu en parles à ton/ta correspondant/e dans un mail. Tu décris les impressions que tu as eues en voyant le film.* ___ von 16 BE

1. Dans une tranchée, le soldat Paul Bäumer regarde l'extérieur.

2. En voyant un papillon, Paul Bäumer se lève.

3. Un soldat ennemi

4. La mort de Paul Bäumer

Schulaufgabe B

___ von 72 BE

Compréhension orale

1 Écoute le texte. Qu'est-ce que représente l'Europe pour Camille, Maxime et Rosalie? Écris leurs noms sous les dessins qui conviennent.

___ von 6 BE

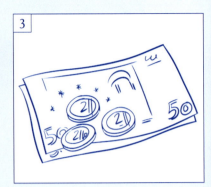

_____   _____   _____

_____   _____   _____

2 Écoute le texte et coche la bonne réponse.

___ von 18 BE

	Maxime	Camille	La grand-mère de Camille	Le grand-père de Maxime	Le père du grand-père de Maxime
a eu 16 ans au moment du traité de Rome.					
appelle l'allemand dans son école « langue du partenaire ».					
est né en 1920.					
a été soldat dans les tranchées de Verdun pendant la Première Guerre mondiale.					
a été résistant pendant la guerre de 1939–1945.					
a habité pendant six mois dans une famille allemande à l'âge de 15 ans.					

32 Dossier 3

3 *Écoute le texte et coche la bonne réponse.*   ___ von 8 BE

3 ◎
1. a ☐ Des jeunes ont été invités à une émission sur l'Europe.
   b ☐ Des jeunes présentent une émission sur l'Europe.
   c ☐ Des jeunes préparent une émisson sur l'Europe.

2. a ☐ Rosalie vient d'une ville allemande qui a été envahie pendant la guerre.
   b ☐ Rosalie est née en Alsace, mais elle vit maintenant en Allemagne.
   c ☐ Rosalie vit dans une ville en Alsace qui a été envahie pendant la guerre.

3. a ☐ Pour la grand-mère de Camille, la réconciliation entre la France et l'Allemagne a été importante en 1920.
   b ☐ Pour la grand-mère de Camille, la réconciliation entre la France et l'Allemagne a été importante en 1941.
   c ☐ Pour la grand-mère de Camille, la réconciliation entre la France et l'Allemagne a été importante en 1957.

4. a ☐ Les Allemands viennent habiter en France parce que l'école maternelle y est meilleure que le Kindergarten allemand.
   b ☐ Les Allemands viennent habiter en France, mais ils n'envoient pas leurs enfants à l'école maternelle.
   c ☐ Les Allemands viennent habiter en France, et ils envoient leurs enfants à l'école maternelle.

▌▌▌▌▌▌ Grammaire

4 *Transforme les phrases. Remplace le texte entre parenthèses par le pronom possessif qui convient.*   ___ von 7 BE

1. *Jeanne:* Mon cœur bat à cent à l'heure, et (ton cœur) _____ ?

2. *Julien:* (Mon cœur) _____ est à peu près pareil!

3. *Jeanne:* Tante Léopoldine n'aime pas les enfants de l'oncle Oscar!

   Julien: (Ceux de tante Léopoldine) _____ ne sont pas très bien élevés non plus!

4. *Jeanne:* J'espère que Papi ne va pas raconter ses histoires de guerre pendant tout le repas!

   Julien: Non, (celles de Papi) _____ ne sont vraiment pas très intéressantes! Je préfère

   celles de l'oncle Timothée!

5. *Jeanne:* La dernière fois, nos grands-parents n'ont pas aimé notre surprise.

   Julien: Oui mais, (celle qu'ils nous ont faite) _____ n'était pas meilleure!

6. *Jeanne:* Qu'est-ce qu'on fait si notre cousine Adélaïde a aussi acheté un tapis?

   Julien: On cache (celui que nous avons apporté) _____ .

7. *Jeanne:* Et on leur chante juste la chanson?

   Julien: Oui, mais on leur dit que c'est (nous qui l'avons écrite) _____ !

Dossier 3 **33**

Vocabulaire et grammaire

5 Mets les verbes entre parenthèses au temps indiqué. Attention aux accords! ___ von 10 BE

Horizontal

1. La Bulgarie et la Roumanie y _____ (être – passé composé) accueillies en 2007.

2. C'est un pays du continent américain que Christophe Colomb _____ (découvrir – passé composé).

3. C'est le pays le plus peuplé de la terre. Plus d'un milliard de personnes y _____ (habiter – présent).

4. C'est le nom qu'on _____ (donner – présent) aux habitants du Danemark.

5. C'est le pays dans lequel _____ (vivre – présent) les Anglais et les Écossais.

Vertical

6. C'est une île qui _____ (se trouver – présent) dans l'océan Pacifique et une grande puissance économique.

7. C'est la ville dans laquelle on _____ (signer – passé composé) le traité qui a donné naissance à l'Europe des six en 1957.

8. L'instrument de musique traditionnel dont ces gens _____ (jouer – présent) est la cornemuse.

9. Sa capitale _____ (être – présent) Moscou.

10. C'est la région de France que les Alliés _____ (choisir – passé composé) pour débarquer.

6 Complète la grille de mots avec les définitions de l'exercice 5. ___ von 5 BE

34 Dossier 3

Production de texte

7 *Tu as un projet que tu aimerais faire en France. Pour le réaliser, tu voudrais recevoir une bourse « Destination France » de l'OFAJ.*
Écris à l'OFAJ pour présenter ton projet. Décris ce que tu veux faire et explique pourquoi tu trouves cela intéressant.

___ von 18 BE

Tu donnes d'autres détails concernant les points suivants:
- qui participe au voyage
- où vous voulez aller
- comment vous vous déplacerez
- où vous habiterez ...

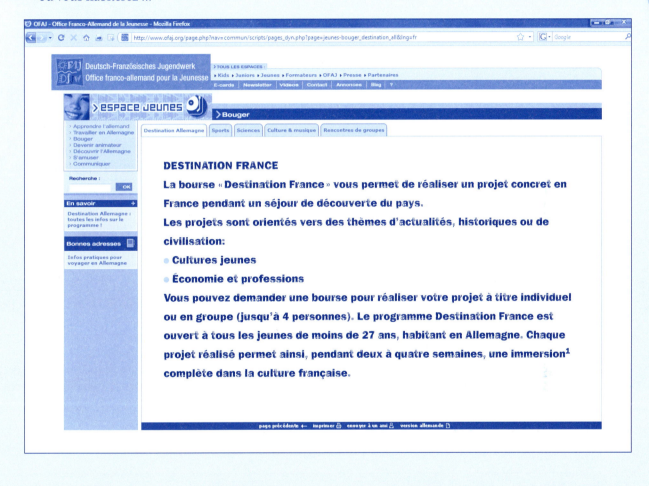

1 l'immersion *f.* – das Eintauchen

Mündliche Prüfung

1 *Décris cette affiche de 1950. Explique-la dans son contexte historique. Comment représenterais-tu aujourd'hui l'Europe? (Durée: env. trois minutes)*
Les mots suivants peuvent t'aider pour ton commentaire:

> le drapeau: die Flagge
> le gage: die Garantie
> le parapluie: der Regenschirm

EUROPE UNIE
GAGE DE PAIX

2 *Jeu de rôle (Durée: env. dix minutes)*

Rôle 1
Tu parles avec ton/ta correspondant/e français/e de la différence entre l'Europe politique et l'Europe culturelle.
– Tu penses qu'il faut absolument que les Européens votent aux élections[1]. – Tu trouves le rôle politique de Bruxelles très important. – Tu donnes plusieurs avantages concrets des décisions prises depuis la fin de la Deuxième Guerre mondiale. – Tu écoutes les arguments de ton/ta correspondant/e et tu lui réponds. – Tu dis ce que tu penses des arguments de ton/ta correspondant/e.

Rôle 2
Tu es français/e et tu parles avec ton/ta correspondant/e allemand/e de la différence entre l'Europe politique et l'Europe culturelle.
– Tu penses que ce qui compte, ce sont les voyages, pas les élections[1]. – Tu penses que ce qui fait l'Europe, ce sont les échanges entre jeunes, pas la politique. – Tu donnes plusieurs arguments pour justifier ton avis. – Tu écoutes les arguments de ton/ta correspondant/e et tu lui réponds. – Tu dis ce que tu penses des arguments de ton/ta correspondant/e.

1 les élections *f. pl.* – *hier:* die Europawahl

Aussprache/Intonation: ___ von 5 BE
Sprachliche Mittel / Sprachrichtigkeit: ___ von 20 BE
Strategie/Interaktion: ___ von 15 BE
Aufgabenerfüllung/Inhalt: ___ von 20 BE

DOSSIER 4 *Tendances*

◼ Schulaufgabe A

_____ von 78 BE

Compréhension écrite

Nicolas Hulot: «Notre survie passe par celle de la biodiversité.»

À l'occasion de la première Fête de la nature, Nicolas Hulot était à Branféré en Bretagne. Nous l'avons rencontré.

Dimanche 20 mai, le parc animalier[1] de Branféré vit au rythme de la première Fête de la Nature. Nicolas Hulot est chez lui. C'est ici qu'il a créé en 2004 l'École pour la Nature, une structure qui propose des classes vertes[2] pour les élèves des écoles. Heureux comme un poisson dans l'eau, il passe d'un atelier d'observation des papillons à une conférence sur les grands singes[3], tout en prenant le temps de répondre à nos questions.

Qu'est-ce qui est le plus grave en matière d'environnement?

On parle beaucoup de crise climatique, mais, pour moi, le plus grave, c'est la crise de la biodiversité, c'est-à-dire de l'ensemble des êtres vivants: les plantes, les animaux et nous, les humains. Nous vivons aujourd'hui comme des gens de la ville, et notre contact avec la nature consiste juste à couper le gazon dans le jardin et à donner de l'eau aux fleurs du balcon. Mais notre environnement se trouve sous nos pieds, dans l'herbe, dans les forêts, dans le sol … Et nous avons tendance à ne pas nous en préoccuper. Si on continue à abîmer la nature, un quart des espèces vivantes aura disparu d'ici à 2050. Ma lutte, c'est de faire comprendre que la biodiversité, ce sont les grands singes, les baleines, mais aussi une multitude de petits êtres vivants qui jouent un rôle important dans notre vie.

Les gens aujourd'hui comprennent-ils le problème?

Oui, je crois que les choses sont en train de changer. Les hommes politiques, par exemple, commencent à comprendre le problème, mais il faut faire attention à ce que ça ne retombe pas. C'est à nous tous, citoyens, de continuer à les surveiller.

Que peuvent faire les ados?

Des petits gestes au quotidien, comme préférer une douche à un bain, c'est bien, mais ça ne suffit pas. On nous encourage à consommer beaucoup et n'importe comment. C'est là qu'il faut changer de comportement: apprendre à mieux consommer, apprendre à choisir, prendre le temps de regarder si on ne peut pas avoir les mêmes avantages en achetant mieux, ne pas vouloir absolument le dernier téléphone portable à la mode alors que l'ancien fonctionne encore bien, par exemple. La liberté, ce n'est pas consommer le maximum de ce que l'on peut consommer, c'est avoir le choix, être curieux …

Existe-t-il des raisons d'espérer?

Je n'aime pas le désespoir car il n'aide pas à s'engager. Ce qui compte, c'est agir. Le pire ennemi, c'est le fatalisme.

D'après: Le monde des ados
(mai 2007)

---

1 le parc animalier = le parc où il y a des animaux; 2 les classes vertes *f. pl.* = séjours à la campagne avec la classe pour apprendre des choses sur la nature; 3 le singe – der Affe

---

1 *Lis le texte et coche la/les bonne/s réponse/s.*

_____ von 9 BE

1. À Branféré, Nicolas Hulot
   - a ☐ a fait une conférence sur les grands singes.
   - b ☐ a observé les poissons.
   - c ☐ a fondé une école.

Dossier 4 **37**

2. L'École pour la Nature a été créée
    a ☐ pour les groupes scolaires.
    b ☐ pour les hommes politiques.
    c ☐ pour les gens qui veulent travailler plus tard dans un zoo.

3. Se battre pour la biodiversité, c'est
    a ☐ essayer de sauver les baleines et les grands singes qui risquent sinon de disparaître.
    b ☐ respecter les forêts.
    c ☐ respecter les petits animaux qui vivent dans le sol et qui sont importants pour notre vie.

4. Pour Nicolas Hulot, les questions d'environnement, c'est l'affaire
    a ☐ des hommes politiques seulement.
    b ☐ de tout le monde.
    c ☐ des générations à venir.

5. Nicolas Hulot regrette
    a ☐ qu'il y ait trop de choix et trop de liberté de consommation.
    b ☐ que les gens qui comparent avant de consommer aient des avantages que les autres n'ont pas.
    c ☐ que les gens soient encouragés à consommer beaucoup et n'importe comment.

2 *Lis le texte et réponds aux questions suivantes.*   ___ von 6 BE

1. Quel est pour Nicolas Hulot le problème d'environnement le plus grave?

_____

2. Comment Nicolas Hulot définit-il « la liberté » quand on consomme?

_____

3. Qu'est-ce qui donne des raisons d'espérer dans la situation actuelle?

_____

3 *Lis le texte et relie les phrases.*   ___ von 6 BE

La première Fête de la Nature a eu ... ☐1   a ... pour que les gens sachent ce qu'est la biodiversité.
Nicolas Hulot agit ... ☐2   b ... lieu à Branféré.
Aujourd'hui, la plupart des gens ... ☐3   c ... changent leur comportement.
Il est important que les ados ... ☐4   d ... les gens soient désespérés.
Pour Nicolas Hulot, ils doivent ... ☐5   e ... apprendre à mieux consommer.
La situation est grave, mais il ne faut pas ☐6   f ... ne se préoccupent pas assez de leur environnement.
que ...

1. _____ 2. _____ 3. _____ 4. _____ 5. _____ 6. _____

38 Dossier 4

Vocabulaire et grammaire

4 *Complète les phrases. Traduis l'adjectif entre parenthèses et accorde-le, si nécessaire.* _____ von 8 BE

1. Les informations dans ce journal sont toujours très _____ (aktuell), mais les commentaires sont souvent _____ (kritisch).

2. L'énergie solaire est _____ (erneuerbar). C'est important pour l'environnement. Mais rester trop longtemps au soleil pour les hommes est _____ (ungesund).

3. Quand les règles d'échanges sont _____ (fair), on peut parler de règles commerciales _____ (vorbildlich).

4. Les baleines sont devenues des animaux _____ (selten). Si on ne fait pas attention, on ne les verra bientôt plus que dans des univers _____ (virtuell).

Grammaire

5 *Complète le texte.*
  a *Utilise le pronom qui convient / les pronoms qui conviennent.* _____ von 10 BE
  b *Utilise la forme du verbe entre parenthèses au temps qui convient.* _____ von 9 BE

1. Georges a fait une promesse à Nathalie. Il **a** _____ _____ a faite en janvier. Il lui a dit:

   « Dès que tu **b** _____ (réussir) ton examen, je **a** _____ **b** _____

   (emmener) en vacances! »

2. *Juliette:* Il faut encore découper ce dessin et **a** _____ coller sous la phrase correspondante!

   Antonin: Tu **a** _____ _____ découpes?

   Juliette: Quand tu **b** _____ (trouver) où il faut **a** _____ coller,

   je **a** _____ _____ **b** _____ (découper)!

3. *Les enfants:* Papa, Maman, on ne voudrait pas vous mettre la pression, mais ...

   Les parents: Vous **a** _____ _____ mettez quand même!

   Les enfants: Quand le cyclone **b** _____ (arriver), il **b** _____ (être)

   trop tard pour ranger le pique-nique!

Dossier 4 **39**

4. Adeline a besoin d'une photo pour le journal du lycée, et dit à Florian: «Dès que tu **a** _____

_____ **b** _____ (imprimer), j' **b** _____ (aller) chez le

directeur pour **a** _____ montrer notre nouveau numéro!»

5. Aujourd'hui, les filles de la seconde C jouent contre les garçons. Elles pensent qu'elles sont meilleures

qu'eux. Elles veulent **a** _____ _____ montrer. Leur capitaine **a** _____

dit: «Dès que l'arbitre **b** _____ (ouvrir) le jeu, vous **b** _____

(donner) votre maximum et je suis sûre que vous **b** _____ (gagner) le match. Bonne

chance!»

6. Léo a besoin du vélo de son grand frère:

Léo: Marc, tu **a** _____ prêtes ton vélo?

Marc: Je **a** _____ _____ **b** _____ (prêter), dès que tu

b _____ (finir) tes devoirs de maths.

Léo: Mais ils sont trop durs, je n'y arrive pas tout seul.

Marc: Tu veux que je **a** _____ aide?

Léo: Oui, tu pourrais **a** _____ _____ expliquer? Et quand nous **b** _____

(finir) de travailler, je **b** _____ (ranger) mes affaires et je **b** _____

(prendre) ton vélo. J' **a** _____ ai besoin pour aller en ville.

7. *Marie:* Pierre, tu étais hier à la Fête de la nature à Branféré. Tu as fait des photos?

Pierre: Oui, j' **a** _____ ai fait quelques-unes. Mais je ne suis pas sûr qu'elles te plaisent.

Marie: Tu pourrais **a** _____ _____ montrer?

Pierre: Je **a** _____ _____ **b** _____ (montrer) dès que je **a** _____

b _____ (trier).

Médiation

6 *Un/e copain/copine français/e écolo, qui ne comprend pas l'allemand, veut savoir ce qui se trouve sur le site web de Greenpeace Deutschland. Tu le lui expliques en faisant six à huit phrases.*

___ von 12 BE

Alle Greenpeace-Themen im Überblick

Auf dieser Seite finden Sie eine Übersicht über die großen Themenfelder, an denen wir arbeiten. Wir arbeiten nicht immer an allen Themen mit der gleichen Intensität, aber Sie können sicher sein, dass wir keins dieser Themen aus dem Blick verlieren.

Atomkraft

Greenpeace kämpft seit 30 Jahren für den Atomausstieg. Die Erzeugung von Atomenergie birgt gewaltige Risiken für Mensch und Umwelt, zudem gibt es nach wie vor keine Lösung für das Atommüllproblem. Atomkraft – nein danke!

Chemie

Viele Chemikalien, mit denen jeder von uns tagtäglich in Berührung kommt, fühlen wir nicht, schmecken wir nicht und nur manchmal kommt durch den Geruch Verdacht auf. Sie stecken in unseren Shampoos, Parfüms, Handys oder Computern, in unseren Schuhen, der Kleidung, ja sogar in Lebensmitteln. Greenpeace setzt sich für ein weltweites Verbot gefährlicher Chemikalien ein.

Energie

Unsere Vision ist die komplette Energieversorgung durch Erneuerbare Energien. Für Deutschland ist das im Jahr 2100 möglich. Notwendig ist dafür allerdings, dass wir endlich aus der gefährlichen Atomenergie aussteigen. Die Energiewende ist nur zu schaffen, wenn die Politik sie durchsetzt – notfalls auch gegen die Interessen der Energiekonzerne.

Frieden

Wir sind gegen jeden Krieg. Krieg ist kein Mittel zur Lösung von Konflikten. Greenpeace versteht sich als eine Organisation, die sich dem Verzicht auf Gewalt verpflichtet fühlt.

Klima

Die Erde erwärmt sich. Unser Klimasystem steht auf der Kippe. Wie schnell sich die Erde weiter erwärmt, hängt davon ab, wie die Menschheit auf den Klimawandel reagiert, den sie selbst verursacht hat. Alle Industrienationen sind jetzt gefragt, ihren Lebensstil zu überdenken und eine Vorreiterrolle im Klimaschutz einzunehmen.

Production de texte

7 Ton/Ta corres français/e de Lyon veut venir te voir en avion. Pour des raisons écologiques, tu essaies de le/la convaincre de prendre le train. Tu lui écris un mail.

_____ von 18 BE

Schulaufgabe B

___ von 57 BE

Compréhension orale

Im Text kommt dieses Wort vor: le logo – der Logo.

1 *Écoute le texte et coche la bonne réponse.* ___ von 6 BE

1. Quel est le dessin qui correspond à la situation dans le texte?

2. Le logo de RESF, c'est …

3. Où faut-il, d'après la dame, agir pour régler le problème des sans-papiers?

 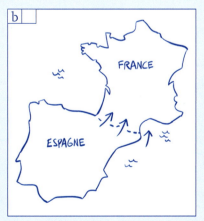 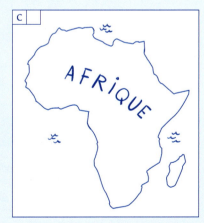

Dossier 4

2 Écoute le texte et coche la bonne réponse.   ___ von 8 BE

1. La journaliste raconte que
   a ☐ beaucoup de gens participent à l'événement.
   b ☐ peu de gens participent à l'événement.
   c ☐ personne ne participe à l'événement.

2. La première personne interviewée est
   a ☐ un étudiant sans papiers.
   b ☐ un prof qui a un enfant de sans-papiers dans sa classe.
   c ☐ un policier.

3. La deuxième personne interviewée est
   a ☐ un Français qui pense que les Africains devraient rester chez eux.
   b ☐ un Français qui veut modérer l'immigration.
   c ☐ un avocat qui se bat pour que la loi soit respectée.

4. La troisième personne interviewée est
   a ☐ une dame qui a peur de la crise économique.
   b ☐ une dame qui a peur des sans-papiers africains.
   c ☐ une dame qui a peur que le changement du climat provoque l'immigration.

Vocabulaire

3 Pourquoi manifestent-ils? Relie chaque dessin à l'explication qui correspond.   ___ von 6 BE

44 Dossier 4

a *Ils craignent la fuite dans des mondes virtuels!*

b Ils veulent que les droits de l'homme soient respectés!

c Ils cherchent une nouvelle spiritualité!

d Ils ont peur de la radioactivité!

e Ils demandent des programmes d'aide et des médicaments gratuits!

f Ils ont peur du réchauffement du climat!

▮▮▮▮▮▮ Grammaire et vocabulaire

4 *Complète le texte.*
   a *Traduis en français les mots entre parenthèses.*   ___ von 7 BE
   b *Utilise des pronoms. Attention à l'ordre!*   ___ von 7 BE

Mon ami Gabriel a toujours été très critique avec lui-même. Sa **a** _____ (Trend) est de se

poser beaucoup de questions pour savoir s'il vit correctement. Dernièrement, il m'a parlé d'une

a _____ (Empfindung) bizarre qu'il a parfois. Il **b** ____ _____ a décrite. Elle est

vraiment étrange. Il a soudain l'impression qu'il est trop bien chez lui, qu'il vit dans un trop grand

a _____ (Komfort), qu'il possède trop de choses, qu'il pense tout le temps à

b ____ _____ acheter d'autres, que la **a** _____ (Verbrauch) joue un trop grand

rôle dans sa vie.

Il pense qu'il ne vit pas comme il devrait et qu'il doit rapidement changer son **a** _____

(Verhalten). Mais j'ai cru comprendre que son **a** _____ (Ziel) était de partir bientôt dans

un pays pauvre et d'y recommencer sa vie. Quand il est venu chez nous le week-end dernier, Marie-Claude

et moi avons essayé de comprendre ses projets. Il **b** ____ _____ a longuement parlé. C'est un arti-

cle sur mère Thérésa qui **b** ____ _____ a donné l'idée.

Danièle, la femme de Gabriel, se fait beaucoup de soucis pour lui. Elle **b** ____ _____ a avoué. Pour

elle, il s'agit d'une grave **a** _____ (Sorge). Il faut dire qu'elle adore la mode et le luxe et que

Gabriel veut **b** ____ _____ priver. Il voudrait qu'elle le suive au bout du monde, mais il ne pourra

pas **b** ____ _____ obliger!

Dossier 4 45

Grammaire

5 *Relie les phrases en employant le futur antérieur.*

___ von 5 BE

1. Terminez la discussion! Ensuite, faites-moi un résumé!

2. Dupont et Durant doivent finir de chercher des idées! Après ils rassembleront les arguments pour les justifier!

3. Allô! Dupuy? Je vais bientôt t'envoyer la nouvelle devise de notre entreprise … et tu la feras circuler immédiatement après!

4. Attendez que nos concurrents tombent dans le piège, puis rappellez-moi!

5. Tenez compte de mes critiques! Ensuite, vous remettrez aussi en question le travail que vous avez fait avant de me connaître.

Production de texte

6 *Décris ce que tu vois sur cette affiche. Quel est son message à ton avis?
Dis ce que tu en penses. Fais huit à dix phrases.*

___ von 18 BE

DOSSIER 5 · *Visages de l'Afrique*

▰▰▰ Schulaufgabe A

_____ von 82 BE

▥▥▥ Compréhension écrite

LES ENFANTS DES MILIEUX DÉFAVORISÉS NE RÉUSSISSENT PAS À L'ÉCOLE
La réussite d'un élève dépend de son milieu socio-économique. Une nouvelle étude[1] sur cinq pays
de l'Afrique subsaharienne le montre et propose des solutions.

11,3 % des familles interrogées expliquent qu'elles ne peuvent pas scolariser leur enfant parce qu'elles sont trop pauvres et ont absolument besoin du travail de l'enfant pour survivre. À cela s'ajoutent les coûts de la scolarisation qui

5 sont trop grands pour des gens qui gagnent peu. De l'argent est en effet demandé à l'inscription[2] pour payer l'assurance[3] ou l'achat d'un uniforme. Les livres scolaires se louent[4]. Les cahiers et le reste du matériel sont à payer par les parents.

10 Mais même lorsqu'ils suivent une scolarité, les enfants des milieux les plus défavorisés ont du mal à réussir à l'école. Dans son livre «Dépenses d'éducation, qualité de l'éducation et pauvreté », Katharina Michaelowa montre l'influence de la pauvreté sur les résultats scolaires des enfants

15 à partir d'études faites au Burkina Faso, au Cameroun, en Côte d'Ivoire, à Madagascar et au Sénégal.

Alphabétiser les parents pour mieux scolariser les enfants

L'alphabétisation des parents joue un rôle important pour la réussite scolaire des enfants. Ainsi le Cameroun et Mada-

20 gascar, qui obtiennent les meilleurs résultats aux tests de fin d'école primaire en français et en mathématiques, sont les deux pays où l'alphabétisation des parents est la plus forte. Pour Katharina Michaelowa, il faudrait donc apprendre à lire aux parents pour compléter la scolarisation des enfants.

25 Dans les familles qui possèdent un appareil vidéo ou une télévision, les chances pour les enfants de réussir à l'école sont plus fortes. Grâce à ces médias, non seulement les enfants ont accès à des informations qui peuvent les aider à l'école, mais en plus, ils s'habituent à la langue française.

30 Le nombre de repas pris chaque jour par un enfant a également une forte influence sur sa scolarité. Si un enfant mange mal, il apprend moins bien et il risque d'être plus souvent malade et de manquer les cours. En plus, les élèves des milieux les plus défavorisés ont plus de difficultés à étu-

35 dier à la maison, parce qu'ils doivent travailler dès qu'ils rentrent de l'école, ou parce qu'ils n'ont pas d'endroit calme pour faire leurs devoirs. Enfin, l'auteur note que pour les familles pauvres, l'accès aux livres est très difficile. (…)

Développer les cantines scolaires

40 Pour Katharina Michaelowa, «des cantines scolaires peuvent être une solution pour permettre aux enfants les plus pauvres de rester à l'école et de mieux apprendre ». Mais c'est une solution qui coûte cher et qui peut être remplacée par des distributions de lait et d'autres produits ri-

45 ches en vitamines. Elle insiste également sur la nécessité de distribuer des livres et des magazines pour enfants dans les milieux défavorisés et de créer des bibliothèques mobiles dans les campagnes.

D'après: Catherine Le Palud

50 http://rfi.fr/fichiers/mfi/Education/285.asp

Statistiques de l'Unicef sur la scolarisation, l'éducation et le travail des enfants dans cinq pays d'Afrique

	Burkina Faso	Cameroun	Côte d'Ivoire	Madagascar	Sénégal
Fréquentation de l'école primaire en % (2000–2006)	46,5	83,5	70,5	75,5	58,5
Fréquentation du collège et du lycée en % (2000–2006)	16	43,5	27	19	18
Travail des enfants de 5 à 14 ans en % (1999–2006)	47	30,5	35,5	32	22,5
Alphabétisation des adultes en % (2000–2005)	24	68	49	59	39
Utilisation d'Internet (pour 100 personnes en 2005)	0	2	1	1	5

---

1 l'étude *f.* – die Studie; 2 l'inscription *f.* – die Anmeldung; 3 l'assurance *f.* – die Versicherung;

4 louer qc = qc que l'on peut utiliser pour un certain temps en payant de l'argent

1 Lis le texte et les statistiques, puis complète le tableau. Pour la colonne 3, note la phrase ou l'expression qui est alors dans le texte ou dans les statistiques.

_____ von 24 BE

	1. C'est dans le texte.	2. C'est dans les statistiques.	3. Il y a écrit autre chose dans le texte ou dans les statistiques.	4. Ni dans le texte ni dans les statistiques.
Dans les familles pauvres, les enfants ne peuvent pas toujours aller à l'école parce qu'il n'y a pas d'argent pour l'inscription.				
Dans les familles pauvres, les enfants ne peuvent pas toujours aller à l'école parce qu'ils doivent travailler.				
Dans les pays concernés par l'étude, entre 22,5 % et 47 % des enfants de 5 à 14 ans doivent travailler.				
Il n'y a qu'au Cameroun que presque la moitié des jeunes vont au lycée et au collège.				
Pour beaucoup d'enfants, les écoles sont trop loin et il n'y a pas de bus.				
Il est important que les parents sachent lire pour que les enfants réussissent à l'école.				
C'est au Cameroun et à Madagascar qu'il y a le plus d'adultes qui savent lire et écrire.				
Les enfants qui regardent trop la télévision travaillent moins bien à l'école.				
Les enfants qui ont accès à Internet réussissent mieux parce qu'ils ont accès à des informations qui peuvent leur servir.				
Avec Internet, les jeunes apprennent aussi l'anglais.				
Le pays de l'étude où il y a le plus haut taux d'accès à Internet est celui où il y a aussi le plus d'adultes qui savent lire.				
Les cantines ne peuvent pas aider les enfants à mieux apprendre.				
Les enfants des villes réussissent mieux que ceux des campagnes parce qu'ils ont accès aux bibliothèques.				

Dossier 5 **49**

Vocabulaire et grammaire

2 *Complète le texte.*
  a *Utilise l'adjectif qui convient. Attention à l'accord!*
  b *Traduis en français l'adjectif entre parenthèses et accorde-le si nécéssaire.*

_____ von 6 BE

_____ von 5 BE

Tu fais la connaissance de Samira, une jeune fille qui vient de Belgique, mais qui a passé son enfance au

Mali.

– Tu as passé ton enfance au Mali, mais tu n'es pas malienne. Tu es de quelle nationalité?

– Mes parents sont belges. Ma langue **a** _____ est le français. Mes parents sont allés

   s'installer au Mali quand j'avais deux ans.

– Tu as de bons souvenirs de cette époque?

– Oui, bien sûr! Quand j'étais petite, j'adorais écouter les contes que me racontait Miriam, une vieille

   Africaine. Elle parlait de méchants personnages qui étaient toujours punis à la fin.

– Ces contes ne te faisaient pas peur?

– Non, ces contes **b** _____ (afrikanisch) m'impressionnaient beaucoup, je les trouvais

   a _____. En plus, Miriam avait une voix très **a** _____, l'écouter était

   comme une musique. C'était un vrai plaisir et j'en garde un très bon souvenir.

   Entre six et dix ans, j'ai fréquenté l'école **b** _____ (öffentlich) de Kita. Elle était

   a _____, on n'avait donc pas besoin de payer. J'étais la seule étrangère de l'école et

   j'avais droit à cause de cela à une attention **b** _____ (speziell). J'avais un ami qui m'a

   appris le bambara. Je vis actuellement à Bruxelles, mais je garde toujours une relation

   b _____ (privilegiert) avec le pays dans lequel j'ai passé une enfance

   b _____ (herrlich).

50 Dossier 5

▌▌▌▌▌▌ Grammaire

3 *Complète en utilisant*
  a *la mise en relief.*
  b *un pronom démonstratif.*
  c *un pronom possessif.*
  d *la traduction française de l'adjectif entre parenthèses. Attention à l'accord!*

___ von 2 BE
___ von 6 BE
___ von 6 BE
___ von 5 BE

Nous voici donc en Mauritanie. **a** _____ dans ce pays _____ mes ancêtres

sont nés.

La région qui est **b** _____ de mon père se trouve à 100 kilomètres à l'est de la capitale

Nouakchott, sur la côte. Mais la région de ma mère, qui est aussi **c** _____ puisque j'y suis

né et que j'y ai grandi, se trouve au centre du pays, dans le désert du Sahara.

En effet, une grande partie du pays est **d** _____ (wüstenartig). Mais au sud du pays,

a _____ le fleuve Sénégal _____ irrigue les terres et les rend

d _____ (fruchtbar).

Les paysages **d** _____ (herrlich) que vous voyez là, sont **b** _____ dont j'ai

rêvé chaque nuit pendant mes années d'exil! Et **a** _____ sur une de ces montagnes

_____ j'aimerais qu'on m'enterre après ma mort.

Ce coin du pays est aussi **b** _____ où on parle le moins français. Les habitants n'ont pas

l'impression que la langue de Victor Hugo et de Léopold Sedar Senghor soit aussi **c** _____!

Ma langue **d** _____ (Mutter-) est donc **b** _____ de la tribu de ma mère, le

peulh. Chez les Peulhs, il existe de nombreux chants, chaque groupe social (soldats, tisserands …) a

c _____! Je crois que **a** _____ de cette tradition **d** _____

(afrikanisch) _____ vient ma forte identité[1].

1 l'identité *f.* – die Identität

Dossier 5 **51**

Médiation

4 *Résume les idées principales de ce texte sur la Mauritanie pour un/e copain/copine français/e qui ne parle pas allemand. Fais six à huit phrases.*

___ von 12 BE

> **MAURETANIEN** ist ein Wüstenstaat mit einem Flußufer am Senegal im Süden und einem Küstenstreifen am Atlantischen Ozean im Westen. Nur die in den letzten Jahrzehnten entdeckten, für Touristen schwer und nur kostspielig erreichbaren, archäologischen Funde erinnern noch daran, dass das Gebiet des heutigen Wüstenstaates Mauretanien einst zu großen Teilen fruchtbares Land war. Die Ausbreitung der Wüste ist weniger durch die klimatischen Veränderungen als vielmehr durch menschliches Handeln verursacht worden.
> (…)
> Das Interesse der europäischen Kolonialmächte war aufgrund der schlechten Handelsmöglichkeiten lange Zeit gering. Frankreich, das im 18. Jahrhundert seinen Anspruch am Senegal durchsetzen konnte, dehnte seinen Machtbereich erst im 20. Jahrhundert endgültig auf das mauretanische Gebiet aus. (…) In der Zeit der nur 26 Jahre dauernden französischen Kolonialherrschaft wurde Mauretanien von Senegal aus mitverwaltet. Das Wüstengebiet erlangte 1960, wie alle französischen Kolonien Westafrikas, seine nationale Unabhängigkeit, blieb aber auch in der Folgezeit noch lange dem Einfluß Frankreichs ausgesetzt.
>
> D'après: http://www.muz-online.de/afrika/mauretanien.html

Production de texte

5 *Tu vas bientôt aller en vacances chez ton/ta correspondant/e. Il/Elle t'annonce qu'il y a un festival de cinéma africain dans sa ville et il/elle t'envoie le programme. Tu lui dis ce que tu aimerais voir et pourquoi.*

___ von 16 BE

> **Drame • Guinée/France 2006 • 113 min.**
> Depuis plusieurs semaines, il ne pleut plus à Conakry, capitale de la Guinée. Le pouvoir politique tient secrète une information météo qui dit qu'il va bientôt pleuvoir et il demande officiellement aux chefs religieux de faire la prière pour que la pluie vienne. BB, un journaliste moderne et progressiste, découvre que le gouvernement et les chefs religieux essaient de tromper la population. Il décide de tout dire dans son journal, contre l'avis de son chef.

Fiction • Sénégal/France • 1997 • 90 min.
Rambo conduit TGV, un car qui va de Dakar (Sénégal) jusqu'à Conakry en Guinée. Au moment du départ, Rambo et ses passagers apprennent que les Bassaris se sont révoltés à la frontière guinéenne. Une dizaine de passagers décident quand même de partir avec Rambo et Demba, son assistant. Parmi eux, il y a aussi un ministre qui a perdu son poste, un couple d'ethnologues européens et un marabout ... À travers des aventures dangereuses et imprévues, on découvre les personnalités de chacun et les relations qui se créent.

Fiction • Mali • 1982 • 117 min.
Bah, jeune étudiant, est le petit-fils de Kansaye, un descendant des grands chefs traditionnels. Il est l'ami de Batrou, la fille d'un représentant du nouveau pouvoir. Bah et Batrou appartiennent à une génération qui rejette la société de leurs pères, sans bien savoir quoi mettre à la place.
Le titre du film qui signifie « le vent » est un vrai programme. C'est par ses changements de vitesse que le vent exprime sa présence, (...) c'est par le rythme des corps, les différentes vitesses de l'action, et les changements sur les visages et dans les voix que l'on peut lire une page importante de l'Afrique d'aujourd'hui.

Comédie • Côte d'Ivoire • 2008 • 75 min.
Le vieux Sekouba est vraiment le roi du quartier. Il a deux femmes, une fille qui lui fait des problèmes, un garçon qui fait tout le temps des bêtises. Malgré tout cela, il continue à emprunter de l'argent à Zouzou, le boutiquier de la rue, à refaire le monde avec son copain Akim et à rêver secrètement d'épouser une jeune et jolie femme pour ses vieux jours. Quand celle-ci arrive dans la famille Sekouba, tout change!

Schulaufgabe B

___ von 70 BE

Compréhension orale

1 *Écoute le texte et coche la bonne réponse.*

___ von 5 BE

1. Quelle carte correspond au texte?

2. Combien de langues africaines parle-t-on en Guinée?

a ☐ ≈ 10   b ☐ ≈ 20   c ☐ ≈ 30

3. Quels sont les deux endroits où ira le frère?

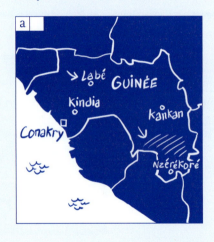 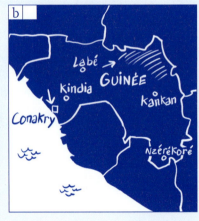 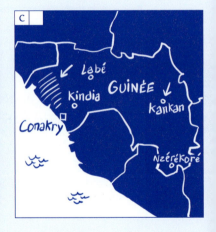

4. Quelles sont les ressources de la Guinée?

 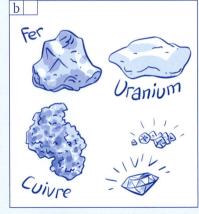 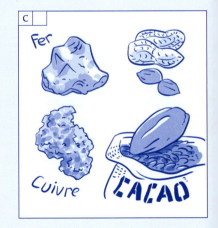

54 Dossier 5

5. De quoi parle le garçon ici quand il dit « le Niger » ?

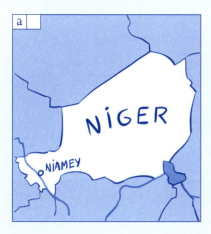 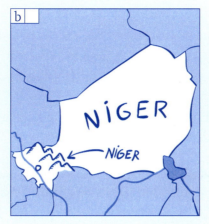 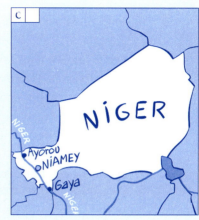

2 *Vrai ou faux? Écoute le texte et coche la bonne réponse. Corrige les phrases fausses en formant des phrases.*

___ von 16 BE

vrai faux

1. En Guinée-Bissau, on parle français. ☐ ☐

_____

2. Dans le nord-est, il y a une saison des pluies qui peut durer dix mois. ☐ ☐

_____

3. Au bord de l'Atlantique, le climat est sec. ☐ ☐

_____

4. Une voie de communication va être constuite entre la Guinée et le Mali. ☐ ☐

_____

5. La Guinée a beaucoup de ressources, mais ce n'est pas un pays riche. ☐ ☐

_____

6. C'est souvent l'État de la Guinée qui possède les mines. ☐ ☐

_____

7. Le frère du garçon travaille pour une entreprise étrangère. ☐ ☐

_____

8. Le garçon a assez d'argent pour aller voir son frère en Guinée. ☐ ☐

_____

Dossier 5 55

▌▌▌▌▌ Vocabulaire

3 *Réponds aux questions. Souligne la bonne réponse.*   ___ von 5 BE

    1. Lequel de ces mots ne décrit pas une qualité?
       la gentillesse – l'hospitalité – la communication – l'équilibre

    2. Lequel de ces mots ne fait pas partie du vocabulaire de la météo?
       la pluie – le goudron – la saison – l'inondation – le nuage

    3. Lequel de ces mots n'est pas une matière première?
       l'uranium – le fer – l'arachide – le cuivre – le pétrole – le bois

    4. Lequel de ces mots ne décrit pas un type de paysage?
       le désert – la forêt tropicale – la savane – le coin

    5. Lequel de ces mots ne décrit pas un métier?
       l'agriculteur – le metteur en scène – le descendant – l'enseignant

▌▌▌▌▌ Grammaire

4 *Mets le verbe entre parenthèses à la forme qui convient. Attention à l'usage du subjonctif!*   ___ von 10 BE

    1. Quand l'Afrique _____ (se transformer / futur

    antérieur) en désert, les gens _____ (ne plus

    avoir besoin / futur simple) de modifier leur comportement.

    2. Il ne se passe jamais une semaine sans que l'on _____ (entendre / présent) de

    nouveaux reportages sur le réchauffement climatique. Nous _____ (finir / futur

    simple) par en avoir tellement assez que les journalistes et les hommes politiques _____

    _____ (ne pas obtenir / futur simple) ce qu'ils _____

    (vouloir / imparfait).

    3. Je ne voudrais surtout pas que vous _____ (penser / présent) qu'il n'y

    _____ (avoir / présent) rien à faire. N'oubliez pas que les générations qui nous

    _____ (suivre / futur), _____ (supporter / futur simple)

    nos fautes.

Médiation

5 *Ton/Ta corres français/e est fan de reggae. Après avoir vu sur Arte le reportage dont voici le résumé, tu lui en parles dans un mail. Fais six à huit phrases.*

—— von 14 BE

TIKEN JAH FAKOLY – Musiker, Staatsfeind, Volksheld
Mit seinem Roots-Reggae wurde er zum Sprachrohr der Jugend an der Elfenbeinküste.
Er lernte früh den Reggae kennen und gründete mit 20 seine erste Band.

Die kritischen Texte über Korruption und Machtmissbrauch in seinem Land treffen Mitte der 90er den Nerv der afrikanischen Kids und machen ihn zu Westafrikas neuem Superstar. Die Tradition seiner Vorfahren als „Griot" führt er auf moderne Weise fort.
1996 schlägt er der Regierung geradewegs ins Gesicht: In seinem Song „Mangercratie" klagt er gegen das sogenannte „demokratische" Regime und auf das Recht eines jeden nach Nahrung. Trotz Zensur hält sich der musikalische Protest monatelang in den Charts.

TIKEN JAH FAKOLY: Reggae ist eine Musik, die von Leuten ins Leben gerufen wurde, wie Bob Marley, die in den Ghettos geboren wurden, die dort aufgewachsen sind, die dort diese Musik gemacht haben und die beschlossen haben, durch ihre Musik die Leiden der Leute aus diesen Ghettos auszudrücken. Heutzutage glaube ich, dass Reggae die passendste Musik ist, um das Leid auszudrücken und um gegen die Ungleichheit und die Ungerechtigkeit zu kämpfen. Wenn jemand Reggae singt, kommt es aus dem Herzen – eine ernste Angelegenheit.

Mit seinem neuen Album setzt Tiken Jah weiterhin auf klare Worte und melodiöse Songs. Immer mit Blickrichtung auf eine bessere Zukunft …

TIKEN JAH FAKOLY: Ich habe mein vorletztes Album „Françafrique" genannt, um auf die weiter existierende Kolonisation aufmerksam zu machen. Die Sklaverei geht weiter. Es sind 40 Jahre vergangen, seitdem die afrikanischen Länder ihre Unabhängigkeit erlangt haben. Man hat uns nur die Fotokopie der Unabhängigkeit gegeben. Man muss das Original verlangen.

D'après: http://www.arte.tv/de/Kultur-entdecken/tracks/20041104/688980.htmt

---

Dossier 5 **57**

Production de texte

6 Tu trouves un roman policier africain chez ton/ta correspondant/e et tu lui poses des questions à ce sujet. Il/Elle te répond. Tu lui parles à ton tour d'un roman africain que tu as lu.
Vous comparez ce qu'on y apprend sur l'Afrique et vous dites ce qui vous a plu ou déplu.
Écris le dialogue dans ton cahier.

_____ von 20 BE

Le livre que tu as lu:

Tochter der Krokodile von Marie-Florence Ehret

Nanou ist ein kleines Dorf in Burkina Faso. Hier lebt die junge Fanta glücklich und behütet zusammen mit ihrer Schwester bei ihrer Großmutter Mâ. Die Mutter der beiden, Delphine, lebt in Paris, wo sie hart arbeitet. Mit dem verdienten Geld unterstützt sie das ganze Dorf. Man hat es ihr nie verziehen, dass sie ihren Mann verlassen hat – den sie heiraten musste, weil die Familie es so wollte. Lange Zeit kann Delphine ihre Familie in Afrika nicht besuchen, doch dann ist es endlich so weit und sie hat alle Papiere zusammen. Gespannt stehen sich Mutter und Tochter beim Wiedersehen gegenüber und es stellt sich auch die Frage: Geht Fanta mit ihrer Mutter in die fremde Stadt oder bleibt sie bei ihren afrikanischen Verwandten und Ahnen?
Marie-Florence Ehret entführt ihre Leser in Welt eines kleinen Dorfes in Burkina Faso. Und da geht es schon um schwerwiegende Themen: die Beschneidung[1] der jungen Mädchen – eine Angelegenheit der Frauen, die im Dorf beschönigend als Reinigungsritual bezeichnet wird.
Anschaulich zeichnet Marie-Florence Ehret ein Bild über das Leben im Dorf mit seinen alltäglichen Verrichtungen und den engen verwandtschaftlichen Verstrickungen, die einerseits Vorteile bringen, wenn man vom Einkommen der anderen profitieren kann, andererseits aber für eine starke soziale Kontrolle sorgen.
Die traditionelle hierarchische Struktur, bei der die Familie über das Leben des Einzelnen bestimmt, bricht im Laufe des Buches immer mehr auf, was sich in der Liebesgeschichte von Fantas Schwester mit einem jungen Dorfbewohner zeigt und auch darin, dass man Fanta das Recht zugesteht, selbst zu entscheiden, ob sie mit ihrer Mutter geht oder im Dorf bleibt.

1 die Beschneidung – l'excision *f.*

Le livre que ton/ta correspondant/e a lu:

L'assassin du Banconi de Moussa Konaté

Flics à la Brigade Criminelle de Bamako, les commissaires Habib et Sosso, doivent s'occuper de trois meurtres[1] au cyanure dans le quartier pauvre de Banconi, d'une vague de faux billets et d'habitants qui se révoltent.
Dans « L'honneur[2] des Kéita », les deux policiers vont dans la savane malienne pour faire une enquête[3] sur le meurtre d'un marabout.
Comme tous les flics du monde, Habib et Sosso doivent lutter contre les bandits, et les attraper, mais ils doivent aussi comprendre les traditions des ancêtres, les relations entre les différentes populations … et bien sûr, faire attention à la rivière aux crocodiles … où se passent les meurtres! Action et suspense sont au rendez-vous!

1 le meurtre – der Mord; 2 l'honneur *m.* – die Ehre; 3 l'enquête *f.* – *hier*: die Ermittlung

58 Dossier 5

Situation 1

Un/Une ami/e français/e rêve d'aller vivre un jour dans les DOM-COM. Toi, tu ne peux pas imaginer vivre là-bas et tu ne vois que les dangers et les problèmes. Imagine le dialogue. Les photos peuvent t'aider.

Situation 1

🎧 *Exemple   Musterdialog*

6 ◉ *Une amie française rêve d'aller vivre un jour dans les DOM-COM. Toi, tu ne peux pas imaginer vivre là-bas et tu ne vois que les dangers et les problèmes.*

Toi: À quoi penses-tu?

Ton amie: Plus tard, je voudrais aller vivre dans un département ou une collectivité d'outre-mer comme la Guadeloupe ou la Réunion. J'en ai marre de l'hiver chez nous!

Toi: Vraiment? Mais pourquoi?

Ton amie: Il fait froid, il pleut ... J'ai envie d'aller dans un pays où il fait toujours bon, où les arbres ont toujours des feuilles. Et puis j'adore la plongée sous-marine! En m'installant en Guadeloupe ou en Nouvelle-Calédonie, je pourrais en faire toute l'année!

Toi: Je crois que je ne pourrais pas vivre sans avoir de printemps ou d'automne. J'aime tellement quand le printemps remplace l'hiver et que l'automne arrive après l'été.

Ton amie: Dans les DOM-COM, la variété est ailleurs. Ce n'est pas le temps qui change, mais les paysages. Il y a une grande variété de paysages! Tu as la forêt tropicale et ses oiseaux.

Toi: S'il n'y avait que des oiseaux dans la forêt tropicale! Mais il y a encore plein d'autres animaux dangereux, il faut toujours faire attention et vérifier s'il n'y a pas un scorpion dans tes chaussures avant de les mettre!

Ton amie: Il y a aussi des montagnes: on peut faire des super balades!

Toi: Des montagnes! Des volcans, tu veux dire! Et même des volcans actifs!

Ton amie: Tu ne penses qu'aux problèmes. Il y a aussi des plages fantastiques: des plages de sable blanc, des plages de sable noir, la mer est bleue ...

Toi: Ça, c'est pas mal, mais je crois que si je pouvais aller à la plage tous les jours, je m'ennuierais.

Ton amie: Tu peux aussi aller à la pêche!

Toi: Je me demande comment la population créole accueille les habitants de la métropole qui viennent vivre chez eux.

Ton amie: J'ai un oncle qui vit à la Martinique, alors j'ai eu envie d'y aller! Il a des amis créoles, et il a même appris quelques mots de leur langue. Au marché, il est capable de faire ses courses en créole! En parlant avec les gens, on arrive vite à se sentir chez soi.

Toi: Mais il y a en ce moment aussi des gens qui critiquent la politique de la France et qui réclament l'indépendance. Ils ne se sentent pas compris par la métropole. Si toi, tu vas vivre là-bas, tu vas sûrement être comme une sorte de colon.

Ton amie: Tu exagères! Ce n'est pas parce que je suis blanche que les autres vont voir en moi un colon!

Toi: Je ne sais pas ... L'histoire ne s'oublie pas si vite!

Situation 2

Tu aimerais faire un stage en France pour améliorer ton français et découvrir un domaine qui t'intéresse. Tu en discutes avec un/e copain/copine français/e. Vous regardez ensemble plusieurs annonces[1] et discutez des avantages et des inconvénients de chacune.

1

Cherche **jeune JF ou JH allemand/e** parlant couramment le français pour s'occuper de nos trois enfants de 4, 6 et 9 ans, le soir sur notre lieu de vacances, et pour les accompagner à la plage pendant la journée. Chambre à disposition dans villa. Un soir libre par semaine.

2

STAGE DE BD

Cherche **bachelier/bachelière** parlant allemand et anglais pour traduire des BD (Paris). Connaissances dans le domaine souhaitées.

3

Vieille dame (67 ans) cherche étudiant/e ayant des connaissances en informatique et des qualités de pédagogue pour installer mon ordinateur et m'apprendre à me servir d'Internet. Mois d'août, Paris – 2 heures/jour.

4

Camping à la ferme en Bourgogne cherche jeune sachant prendre des responsabilités pour accueillir des touristes.

- Anglais, allemand et/ou espagnol souhaité.
- Possibilité d'habiter sur place.
- Juillet-août.

1 l'annonce *f.* – die Anzeige

Situation 2

Exemple   Musterdialog

Tu aimerais faire un stage en France pour améliorer ton français et découvrir un domaine qui t'intéresse. Tu en discutes avec un copain français. Vous regardez ensemble plusieurs annonces et discutez des avantages et des inconvénients de chacune.

Toi: Regarde les annonces de stage d'été que j'ai trouvées. Il y en a qui sont pas mal.
Ton ami: Ah super, un stage de traduction de BD!
Toi: Oui, c'est sympa, mais c'est un stage et ils ne disent pas si on est payé. Comment vais-je faire pour vivre à Paris sans argent?
Ton ami: Il faudrait que tu demandes à tes parents ou que tu obtiennes de l'argent par un autre moyen.
Toi: Oui, cela me donnerait une expérience dans un domaine dans lequel je souhaite éventuellement travailler plus tard.
Ton ami: Et que penses-tu de la grand-mère qui cherche quelqu'un ayant des connaissances en informatique?
Toi: Elle cherche un étudiant. Je ne sais pas si elle acceptera un lycéen.
Ton ami: Oui, et puis je ne sais pas si tu as les qualités d'un bon pédagogue. Tu n'es pas la personne la plus calme que je connaisse!
Toi: Et la famille avec villa qui cherche quelqu'un pour ses enfants? Je pourrais aller à la plage tous les jours.
Ton ami: Tu cherches un endroit pour passer des vacances ou pour avoir une expérience dans un domaine qui t'intéresse?
Toi: Les deux!
Ton ami: J'ai peur que ce ne soit beaucoup de boulot avec trois enfants! Tu as vu: un seul soir libre par semaine ... À mon avis, tu vas galérer! Je ne sais pas si c'est en étant avec des petits enfants que tu vas améliorer ton français. Si tu veux aussi passer des vacances sympa, je pense que la proposition de camping à la ferme est plus intéressante.
Toi: Oui, mais ils ne disent pas de combien d'heures de travail par jour il s'agit. Il faudrait que je les appelle pour leur demander.
Ton ami: Si tu travaillais sur un camping, je pourrais venir te voir. Mais essaie quand même de te renseigner pour l'autre boulot.
Toi: Celui de la famille qui a une villa?
Ton ami: Mais non, celui où ils cherchent un traducteur de BD. C'est une chance qu'on ne peut pas laisser passer!

Situation 3

Tu es dans la commune jumelée avec ton village ou ta ville (par exemple: Rennes/Erlangen). Tu discutes avec deux jeunes Français. Vous avez l'idée d'organiser une rencontre entre vos classes, mais vous n'êtes pas d'accord sur l'endroit où vous pourriez vous rencontrer. Vous réfléchissez aussi à la manière dont vous pourriez obtenir de l'argent pour votre projet.

Où aller?

Comment obtenir de l'argent?

Situation 3

Exemple   Musterdialog

Tu es dans la commune jumelée avec ton village ou ta ville. Tu discutes avec deux jeunes Français. Vous avez l'idée d'organiser une rencontre entre vos classes, mais vous n'êtes pas d'accord sur l'endroit où vous pourriez vous rencontrer. Vous réfléchissez aussi à la manière dont vous pourriez obtenir de l'argent pour votre projet.

Toi: Je trouve que mon séjour à Rennes est super. Il faudrait qu'il y ait plus de jeunes qui fassent la même expérience que la mienne.
Une jeune Française: Oui, il faudrait organiser un échange entre deux classes de nos deux communes. Vous viendriez nous voir ici, à Rennes, vous habiteriez dans des familles, et puis ensuite nous ferions pareil chez vous à Erlangen. Nous vous montrerions notre région, et vous nous feriez visiter la vôtre.
Un jeune Français: Je n'aime pas trop ces échanges où chacun est dans une famille. Je préfère quand tout le groupe est ensemble, tout le temps. On pourrait se rencontrer ailleurs. Je trouve que ce serait plus drôle si on faisait du camping tous ensemble, par exemple. On pourrait choisir un camping au bord du Rhin, à la frontière.
Toi: Oui, c'est une bonne idée! On pourrait aller à Strasbourg ensemble. On visiterait le parlement européen.
Un jeune Français: Oui, Strasbourg, c'est intéressant, mais si vous cherchez un lieu symbolique, j'ai mieux!
Toi: À quoi tu penses?
Un jeune Français: Nous pourrions aller ensemble à Verdun!
Une jeune Française: Quelle horreur! Il y a eu tellement de Français et d'Allemands qui ont été abattus là. Tu crois vraiment que c'est un bon endroit pour se retrouver avec la classe de la ville jumelée?
Toi: Mais non, Verdun est devenu un lieu où les peuples se réconcilient. Je ne trouve pas que l'idée de se retrouver à Verdun soit mauvaise.
Une jeune Française: Moi, je ne peux pas m'imaginer passer mes vacances dans un cimetière.
Un jeune Français: Alors revenons à notre idée de camping au bord du Rhin.
Toi: Le problème, c'est qu'il est plus cher d'organiser une rencontre ailleurs que chez soi. Il faudrait que nous soyons subventionnés par quelqu'un!
Une jeune Française: On pourrait demander à l'OFAJ. Je connais des gens qui ont reçu une aide pour un projet de ce genre.
Un jeune Français: Ou alors à l'Union européenne. On pourrait leur écrire une lettre. Si on veut que l'Europe ne soit pas uniquement libérale et commerciale, il faut que les jeunes puissent se rencontrer.
Toi: Je pense que l'idée avec l'OFAJ est meilleure. C'est pour que ce genre de rencontres soient possibles que l'OFAJ a été créée par De Gaulle et Adenauer.
Une jeune Française: J'ai une autre idée. On pourrait demander à Monsieur le maire si la commune ne peut pas nous aider. On pourrait lui proposer en échange d'organiser une expo après la rencontre.
Toi: C'est une super idée! Je vous accompagne chez le maire.

Situation 4

Tu fais des courses en France avec ton/ta correspondant/e au supermarché. Tu es préoccupé/e par l'écologie, mais ton/ta correspondant/e n'a pas du tout la mentalité écolo. Tu essaies de le/la convaincre d'acheter certains produits plutôt que d'autres. Imagine le dialogue. Les photos peuvent t'aider.

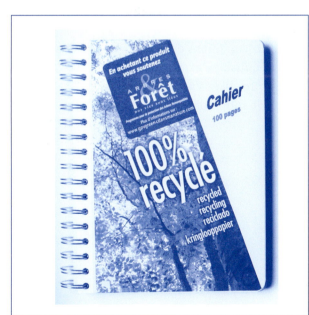

1 le liquide vaisselle – das Spülmittel

Situation 4

🎧 *Exemple   Musterdialog*

9 ◉ *Tu fais des courses en France avec ton correspondant au supermarché. Tu es préoccupé par l'écologie, mais ton correspondant n'a pas du tout la mentalité écolo. Tu essaies de le convaincre d'acheter certains produits plutôt que d'autres.*

Ton corres: Regarde ces yaourts, je les adore!

Toi: Ils sont tout petits!

Ton corres: Oui, mais ce n'est pas grave, tu peux en manger beaucoup!

Toi: Mais c'est une bêtise d'avoir des tonnes de déchets! Regarde tous ces pots et ces boîtes! À quoi ça sert? Je préfère prendre un grand pot de yaourt pour toute la famille.

Ton corres: Mais les grands n'ont pas le même goût!

Toi: Écoute, tu en prends quatre de la sorte que tu aimes et je prends un grand yaourt pour que tu puisses goûter.

Ton corres: Bon, d'accord, si tu veux ... Il nous faut encore deux bouteilles de jus de pommes.

Toi: Oui, mais pas du jus de pommes dans une boîte, c'est très difficile à recycler! Regarde, ici, il y a du jus de pommes dans une bouteille en verre.

Ton corres: Mais tu es fou! Ces bouteilles coûtent 3,50 euros le litre!

Toi: Oui, c'est normal. Regarde, elles ont le symbole «Agriculture biologique». Ce sont des pommes qui n'ont pas été cultivées avec des produits chimiques malsains! Ce jus de pommes a meilleur goût et il est meilleur pour la santé.

Ton corres: On n'aura pas assez d'argent!

Toi: On ne prend qu'une seule bouteille, on le boira avec de l'eau!

Ton corres: Ma mère a dit de prendre un produit pour laver les verres, il n'y en a plus.

Toi: Mais on en choisit un qui est bon pour l'environnement. Regarde, celui-là avec l'arbre!

Ton corres: Ce n'est pas facile de faire des courses avec un écolo borné! Je parie que tu vas encore trouver des arguments pour que je n'achète pas de chocolat!

Toi: Mais non, j'adore le chocolat, mais on en prend un qui a le symbole «commerce équitable».

Ton corres: Ah enfin autre chose que la nature! Tu penses aussi un peu aux hommes et à leurs conditions de vie!

Toi: Mais quand je pense à la nature, je pense aussi aux conditions de vie des gens! D'ailleurs regarde, cette tablette de chocolat! Elle a les symboles «commerce équitable» et aussi «Agriculture biologique»!

Ton corres: On n'a presque plus de thune et il faut encore qu'on s'achète des cahiers.

Toi: Oui, mais j'ai vu qu'ici les cahiers en papier recyclé sont moins chers que les autres!

Situation 5

Tu es à Lyon avec des amis. Vous voyez partout des affiches qui appellent à la solidarité avec l'Afrique. Lesquelles vous donnent envie de participer et d'agir? Lesquelles vous paraissent moins intéressantes ou moins importantes? Vous discutez en comparant vos avis sur l'Afrique.

1 l'orphelinat *m.* – das Waisenhaus

Situation 5

Exemple   Musterdialog

Tu es à Lyon avec des amis. Vous voyez partout des affiches qui appellent à la solidarité avec l'Afrique. Lesquelles vous donnent envie de participer et d'agir? Lesquelles vous paraissent moins intéressantes ou moins importantes? Vous discutez en comparant vos avis sur l'Afrique.

Toi: C'est fou, toutes ces affiches qui appellent à la solidarité avec des pays d'Afrique!
Une copine française: Moi, j'aime bien celle qui propose des repas et des cours de cuisine africaine traditionnelle. J'ai toujours rêvé de goûter des plats africains.
Un copain français: Je trouve que l'affiche des «Dunes sous le vent» n'est pas mal non plus. C'est une association qui permet vraiment de découvrir la culture africaine. Ils organisent des concerts, du théâtre, et il y a aussi à manger.
Une copine française: Oui, c'est vrai, c'est sympa. On peut même y acheter des produits d'artisans africains.
Toi: Oui, mais on ne sait pas trop où va l'argent qu'ils ramassent. Ils disent que c'est pour le Burkina Faso, mais le Burkina Faso, c'est grand! Ce que j'aime bien sur l'affiche de «Africook», c'est que l'argent sert à construire un orphelinat.
Un copain français: À mon avis, si tu veux être solidaire avec l'Afrique, il vaut mieux donner de l'argent pour aider à régler un grand problème, comme celui du sida, par exemple.
Une copine française: Je ne crois pas que l'on puisse régler le problème du sida en donnant de l'argent. C'est un problème culturel et religieux … Il faut transformer les mentalités.
Toi: J'ai lu qu'il y a très peu d'enfants qui sont scolarisés en Afrique.
Une copine française: Oui, moi aussi je préférerais être solidaire avec les efforts qui se font dans le domaine de l'éducation.
Toi: Il y a aussi une affiche qui demande «L'accès aux savoirs et le droit à l'éducation pour tous».
Un copain français: Oui, ils ont même un site sur Internet.
Une copine française: On pourrait aller voir ce qu'ils proposent. J'aimerais bien m'engager et être solidaire de l'Afrique.
Un copain français: Oui, mais seulement si je peux aussi découvrir une partie de leur culture.
Toi: Tu parles comme s'il n'existait qu'une seule culture africaine. Tu oublies qu'il y a différentes populations africaines et que chacune a sa langue et sa culture.
Une copine française: C'est vrai, mais quand on nous parle d'un musicien ou d'un conteur, on ne nous dit pas s'il est peuhl ou bambara ou autre chose.
Toi: Moi, je voudrais m'engager pour des choses pratiques. Je voudrais savoir que cette table, dans cette école, c'est grâce à moi.
Un copain français: Alors on va sur le site et on se renseigne?

ANNEXE

Auf Fehlerjagd!

Wie du Fehler selbst korrigieren kannst

Wenn du einen Text verfasst hast, solltest du ihn mehrmals durchlesen und bei jedem Durchlesen nur auf einen grammatischen Punkt achten.
Mit Hilfe der folgenden „Fehlersuchliste" kannst du Fehlern selbst auf die Spur kommen.

– Stimmt der Begleiter mit dem Nomen überein?
Ist das Nomen männlich oder weiblich? Steht es im Plural?
le tuyau – **les** tuyau**x**
la copine – **les** copine**s**

– Ist das Adjektiv dem Nomen angeglichen?
un bel homme – **un beau** foulard – **une belle** histoire
un vêtement **original** – **des** vêtements **originaux** – **une** histoire **originale** – **des** histoires **originales**

– Stimmt die Verbform mit dem Subjekt überein?
je prends – **ils** pren**nent** – **il** avanc**e** – **nous** avan**çons**

– Hat das Verb im passé composé das Hilfsverb être? Ist dann das Partizip Perfekt dem Subjekt angeglichen?
il est parti – **ils** sont parti**s**
elle est parti**e** – **elles** sont parti**es**

– Stimmt die Verbendung im imparfait?
j'all**ais**
nous all**ions**

– Stimmt die Verbendung im conditionnel présent?
il prend**rait** – **je** ver**rais** – **nous** finir**ions**

– Stimmen die Zeitformen in der Vergangenheit?
Beschreibung eines Zustands, einer Situation → imparfait
Handlung, Ereignisse, Aktion → passé composé

– Ist die Wortstellung im Satz richtig?
D'habitude, je me détends après l'école.
Quand est-ce que le film commence?
Quand le film commence-t-il?
Nous ne sortons pas parce qu'il pleut.
Tu aimes beaucoup le Maroc.
Tu as beaucoup aimé le Maroc.
Je n'ai pas acheté mon portable, mes parents me l'ont offert.

Fehler, die ich nicht mehr machen will

Annexe **69**

Bewertungseinheitentabelle

	BE	Note 1 ab	Note 2 ab	Note 3 ab	Note 4 ab	Note 5 ab	Note 6 ab	Meine Note
DOSSIER 1 – A	69	62	55	48	41	35	34	
DOSSIER 1 – B	65	59	52	46	39	33	32	
DOSSIER 2 – A	72	65	58	50	43	36	35	
DOSSIER 2 – B	68	61	54	48	41	34	33	
DOSSIER 3 – A	70	63	56	49	42	35	34	
DOSSIER 3 – B	72	65	58	50	43	36	35	
DOSSIER 3 – MP[1]	60	52	44	37	30	20	19	
DOSSIER 4 – A	78	70	62	55	47	39	38	
DOSSIER 4 – B	57	51	46	40	34	29	28	
DOSSIER 5 – A	82	74	66	57	49	41	40	
DOSSIER 5 – B	70	63	56	49	42	35	34	

1 MP = Mündliche Prüfung

Inhaltsübersicht der Audio-CD

Hier findest du die Titel der Audio-CD mit den Track-Nummern. Die angegebene Seitenzahl verweist auf die Seite im Schulaufgabentrainer, auf der die entsprechende Aufgabe abgedruckt ist.

Nr.	Titel	Seite	Laufzeit
Copyright			
DOSSIER 1	*La France des trois océans*		
1	Compréhension orale	12	2:54
DOSSIER 2	*Au travail!*		
2	Compréhension orale	22	2:57
DOSSIER 3	*Vers l'Europe*		
3	Compréhension orale	32	2:52
DOSSIER 4	*Tendances*		
4	Compréhension orale	43	2:44
DOSSIER 5	*Visage de l'Afrique*		
5	Compréhension orale	54	2:23
SPRECHFERTIGKEIT			
6	Situation 1	60	2:24
7	Situation 2	62	1:58
8	Situation 3	64	2:29
9	Situation 4	66	2:11
10	Situation 5	68	2:24

Bildquelle

© 123RF, S. 16 (unten links), S. 59 (2. v. oben rechts) – © Africook pour l'association Solidarité Afrique, Romain Hinal, S. 67 (oben rechts) – © AGRICULTURE BIOLOGIQUE, S. 65 (2. v. oben Mitte) – © Alter Eco, S. 65 (oben links) – © Association DK Cœur Afrique, S. 67 (oben links) – © Comité du Tourisme des Îles de Guadeloupe, S. 16 (Mitte) – © Comité du Tourisme La Réunion, S. 16 (oben rechts), S. 59 (Mitte) – © Communautés européennes, S. 22 (rechts), S. 63 (unten links u. unten rechts) – © Cornelsen, Freytag, S. 65 (oben rechts, oben Mitte u. unten links) – © Digitalstock, S. 59 (oben links) – © Dunes sous le Vent / LMimage, Atalawoe KODJO alias FRANCK COLMAN, S. 67 (unten rechts) – © Flach Film / Les Films de la Saga / Les Films du Crocodile 1997, S. 53 (oben) – Fotolia.com: © 14ktgold, S. 59 (2. v. unten rechts); © bilderbox, S. 65 (unten rechts); © Isselée, S. 63 (oben links); © Mamot, S. 59 (oben rechts); © Syncerz, S. 25; © taraki, S. 59 (2. v. unten links) – © Groupe DANONE, S. 65 (2. v. oben links) – © iStockphoto, S. 22 (links u. Mitte) – © Maison des Citoyens du Monde, Philippe Hélion, S. 67 (unten rechts) – © Max Havelaar France, S. 65 (2. v. oben rechts) – © OFAJ–Dfjw, S. 63 (Mitte unten) – © Réseau Éducation Sans Frontières, S. 47 – © ROXAFRICA, S. 53 (unten) – © shutterstock, S. 63 (2. v. oben links), S. 63 (Mitte oben)

© Alain Cadasse, S. 11 (links), S. 11 (rechts) – © Collection Christophel, S. 52, S. 53 (Mitte) – © Courtesy of Universal Studios Licensing LLLP, S. 30, S. 31 – Iconvalley.com: © Giraud, S. 11 (Mitte) – © mauritius images/age fotostock, S. 16 (unten rechts), S. 59 (2. v. oben links); © mauritius images / CuboImages, S. 16 (oben links) – © picture-alliance / dpa, S. 59 (unten rechts) – Sipa: © Witt, S. 59 (unten links) – © ullstein/ Caro: © Bastian, S. 63 (2. v. oben rechts)

Buchcover: S. 58 (oben): © Peter Hammer Verlag, Marie-Florence Ehret, Tochter der Krokodile – S. 58 (unten): © Editions Gallimard, Moussa Konaté, L'assassin du Banconi

Textquelle

S. 7: © Editions Dapper, Gisèle Pinteau, Les colères du volcan – S. 10: © Frankfurter Allgemeine Zeitung GmbH 2009 – S. 10 (Lösungen): © Bayard Presse, Clairage 2e Didier, Okapi n° 782 du 15 mai 2005 – S. 17: © Bayard Presse, Phosphore n° 330 – décembre 2008 – S. 20: © 2009 Ciao GmbH, Chris Langer – S. 26: © Éditions Gallimard, Pierre Péju, Le rire de l'ogre – S. 30: © 2008 by CINEMA Online – S. 36: © Fleurus Presse, Le monde des ados n° 116 – mai 2007 – S. 41: © www.greenpeace.de/themen/ – S. 48: © www.rfi.fr/fichiers/mfi/Education/285.asp, Catherine Le Palud – S. 52: © Menschen unserer Zeit e. V. – S. 57: © 2009 ARTE G. E. I. E.